Escucha activa

Cómo escuchar de verdad a la gente, aprender técnicas de comunicación efectivas, mejorar tus relaciones y habilidades de conversación

Lilly De Sisto

Copyright 2021 © Lilly De Sisto

Todos los derechos reservados

Impresión y editorial: BoD – Books on Demand
info@bod.com.es - www. bod.com.es
Impreso en Alemania – Printed in Germany
ISBN: 9788411235846

ÍNDICE

INTRODUCCIÓN 7
TIPOS DE ESCUCHA 12
    TIPOS DE ESCUCHA ESPECÍFICOS 14
    DIFERENCIAS DE SEXO EN LA ESCUCHA 18
    SEÑALES DE ESCUCHA INEFICAZ 22
LA IMPORTANCIA DE LA INTERACCIÓN 26
    POR QUÉ ES TAN IMPORTANTE ESCUCHAR ACTIVAMENTE 28
    BARRERAS COMUNES A LA ESCUCHA ACTIVA 31
LAS HABILIDADES DE LA ESCUCHA EMPÁTICA 44
    CÓMO ESCUCHAR 45
    CUANDO ESCUCHAS BIEN 46
    MÁS CONSEJOS PARA AGUDIZAR TU CAPACIDAD DE ESCUCHA 54
MEJORAR TU CAPACIDAD DE ESCUCHA ACTIVA 57
    LOS CUATRO COMPONENTES DE LA ESCUCHA ACTIVA 66
ESCUCHA REFLEXIVA 72
    TRAMPAS A EVITAR 75
    OTRAS SUGERENCIAS SOBRE CÓMO ESCUCHAR DE FORMA MÁS RECEPTIVA .. 76
    CONSEJOS PARA UNA ESCUCHA EMPÁTICA 77
ESCUCHAR ACTIVAMENTE A TU HIJO 80
    CONSEGUIR QUE TUS HIJOS TE HABLEN 81
    CÓMO ESCUCHAR REALMENTE A TU HIJO 84

CÓMO CONSEGUIR QUE TU HIJO TE ESCUCHE 87

CÓMO ESCUCHAR A ALGUIEN CON QUIEN NO ESTÁS DE ACUERDO 93

APRENDE A ESCUCHAR A LOS CLIENTES 99

    SEIS FORMAS DE ESCUCHAR PARA MEJORAR LA EXPERIENCIA DEL CLIENTE .. 101

    6 PASOS PARA TRIUNFAR EN LA ESCUCHA EMPÁTICA EN LAS VENTAS 104

CÓMO ESCUCHAR A TUS EMPLEADOS 108

    ESCUCHAR LAS PREOCUPACIONES DE LOS EMPLEADOS 108

    LA IMPORTANCIA DE LA ESCUCHA EN EL LIDERAZGO 111

    PASOS PARA UNA ESCUCHA EFICAZ 112

    ¿ESCUCHAS A LOS EMPLEADOS? 113

    FORMAS DE ESCUCHAR A TUS EMPLEADOS 116

    5 RAZONES POR LAS QUE DEBERÍAS ESCUCHAR A TUS EMPLEADOS 119

POR QUÉ NO TE SIENTES ESCUCHADO EN TU RELACIÓN 123

CÓMO ESCUCHAR REALMENTE LOS PROBLEMAS DE TU PAREJA FEMENINA 128

    BUSCA COMPRENDER, NO SÓLO RESOLVER 129

    HAZ QUE TU OBJETIVO PRINCIPAL SEA ESCUCHAR BIEN 130

    ELIMINA LAS DISTRACCIONES Y COMPROMÉTETE A DEDICARLE TU TIEMPO . 131

    MUÉSTRALE ACTIVAMENTE TU PRESENCIA 133

    HAZLE LAS PREGUNTAS ADECUADAS 134

    DESCUBRIR JUNTOS LA RESPUESTA 135

9 ESTRATEGIAS PARA QUE TU HOMBRE TE ESCUCHE 137

    TODO ESTÁ EN NUESTRA CABEZA 138

Conclusión 147
  Dos preguntas finales 147

INTRODUCCIÓN

¿A quién no le gusta que le escuchen? Ansiamos tener buenos amigos y un compañero de vida con el que podamos compartir nuestras experiencias vitales, tanto las buenas como las malas. Tanto si estamos enfadados, tristes, frustrados, felices o emocionados, anhelamos la compañía de un buen oyente. Esto incluye la más simple de las conversaciones cotidianas intrascendentes.

Aunque nos gusta que nos escuchen, la mayoría de nosotros no somos muy buenos escuchando. Seamos sinceros, a menudo estamos tan metidos en lo que queremos decir y en cómo nos sentimos que dejamos de escuchar lo que nos dicen los demás. Como coach de vida y relaciones, veo que muchas disputas se prolongan porque la gente simplemente no se escucha.

Todos podemos recordar situaciones en las que no hemos escuchado en absoluto lo que otra persona está diciendo. Por diversas razones, simplemente no captamos nada útil. ¿Cuántas veces te han presentado a una persona por su nombre para no saber cómo se llama treinta segundos después?

Escuchar es el núcleo de las relaciones y del entendimiento. Si no se escucha, ¿cómo se aprende sobre el otro o se le hace sentir bien en la relación? Ser escuchados nos hace sentir validados y aliviados de los pensamientos y sentimientos acumulados.

La razón por la que esto ocurre es porque no has escuchado activamente. Al poner en cursiva la palabra "activamente", podría sugerir que la escucha activa es diferente a la simple escucha. En realidad, sólo hay dos estados cuando nos comunicamos con otra persona: escuchar activamente y no escuchar realmente.

Hay muchas razones por las que la gente no escucha correctamente. Pueden estar distraídos por una actividad que están realizando mientras escuchan, o por otros pensamientos en su cabeza que consideran más importantes, o pueden estar pensando en lo que van a decir a continuación, lo cual es un fallo común en la comunicación entre partes cuyas opiniones difieren.

En todas las relaciones, especialmente en las íntimas, es tan importante saber escuchar como ser escuchado. Al trabajar con parejas, mi trabajo consiste a menudo en reafirmar lo que cada uno dice, porque cada persona está atrapada en lo que siente y ya no se escucha. No puedes entender lo que otra persona dice o siente si no te tomas el tiempo de ver las cosas desde su perspectiva. Hasta que no escuchéis lo que se dice no podréis trabajar los problemas, llegar a un acuerdo y resolver vuestras diferencias.

Muchas personas dan la apariencia de escuchar, pero no oyen realmente lo que se les dice. Suponen que escuchar es un sentido tan básico que se produce automáticamente. Esto no es así. O puede ser que estén tan acostumbrados a hacer todos los gestos externos de escucha que están convencidos de que realmente ocurre. No es difícil captar el tono de voz, el lenguaje corporal y las expresiones faciales, que indican lo esencial de lo que se dice. Entonces, basta con escuchar unas pocas palabras clave y resulta muy fácil pensar que se ha entendido todo lo que se ha dicho, y dar la impresión convincente de que es así devolviendo el tono de voz, el lenguaje corporal y las expresiones faciales adecuadas.

Tener el oído abierto significa convertirse en un oyente activo. Significa no querer decir nada. Tu atención principal se centra en lo que se dice y no en lo que tú quieres decir. Cuando te liberas de la necesidad de comentar, puedes centrarte por completo en lo que estás escuchando. Te vuelves totalmente presente y el orador sabe que estás prestando atención. Tu lenguaje corporal debe estar relajado, sin moverse. Si te muestras inquieto o aburrido, el orador se siente cohibido.

La escucha activa es el arte de escuchar en busca de significado. Para que obtengamos el significado de las palabras de otra persona, tenemos que escuchar con atención. El significado no está necesariamente asegurado incluso cuando escuchamos activamente, pero al menos sabremos que no entendemos y, por lo tanto, podremos hacer las preguntas correctas para obtener iluminación.

La escucha activa debe convertirse en un hábito porque es la base de una comunicación eficaz. Imagina que un comandante de tropas no escucha realmente sus órdenes y ataca el objetivo equivocado. Un fallo en la escucha activa puede tener ciertamente consecuencias nefastas.

He aquí las habilidades para ser un buen oyente y escuchar con lo que yo llamo un "oído abierto".

Mantén el contacto visual. Cuando centras tus ojos en el orador, evitas que divagues en tus propios pensamientos y permite que las expresiones faciales del orador acentúen la historia. Escucha tanto con los oídos como con los ojos. Haz saber al orador que le estás escuchando, no interrumpiendo para decir algo, sino manteniendo tu atención en él.

Escucha y no hables. Lo creas o no, la mayoría de las personas, incluido tú, no quieren demasiados comentarios. Simplemente necesitan que les escuches. Teniendo esto en cuenta, no interrumpas ni empieces a ofrecer consejos o juicios. Tener el oído abierto significa simplemente escuchar. Ofrece tu opinión sólo cuando se te pida, pero no te apoderes de la conversación ni parezca que estás dando un sermón. Cuando empiezas a sermonear, el interlocutor se arrepiente de haber hablado contigo y siente más resentimiento que alivio por el encuentro.

No importa si estás de acuerdo con lo que escuchas o no. Cuando escuchas con un oído abierto te permite oír una perspectiva diferente. Puede que incluso aprendas algo. Cuando eres paciente y te liberas de tus ideas preconcebidas, puedes descubrir que el orador tiene algunos puntos válidos y/o interesantes. En cualquier caso, el hecho de que escuches no significa que debas compartir el mismo punto de vista; sólo significa que te importa lo suficiente como para escuchar. En las relaciones, aunque no sientas lo mismo que tu pareja, puede que te parezca más importante entender cómo se siente que discutir. Lo que cada uno siente es un reflejo de la persona que es.

Mientras escuchas, confirma que has estado escuchando repitiendo breves fragmentos de lo que has oído. No es necesario que tengas todas las respuestas. Recuerda que a menudo el interlocutor sólo necesita que le escuches. Expresa tu empatía cuando sea necesario interponiendo un simple "siento que eso ocurra". Demuestra tu interés haciendo preguntas y descubrirás más sobre esa persona de lo que nunca habías imaginado.

Sé paciente, presta atención y escucha con un oído abierto y verás cómo mejoran tus relaciones. "Dominar la capacidad de escucha es uno de los regalos más preciados que puedes hacer a las personas con las que vives, trabajas y juegas. Te ayudará a crear y mantener vínculos fuertes, te hará querer a los que te importan, e incluso mejorará tu entorno laboral."

En otras palabras, la escucha activa requiere que el oyente comprenda, interprete y evalúe lo que se le dice. Sin esto, la comunicación no es más que una fachada, que puede bastar cuando se pasa el tiempo hablando con un vecino en la calle, pero es totalmente inadecuada en cualquier entorno empresarial. Como las empresas dependen de la interacción humana para tener éxito, la calidad de esa interacción debe ser del más alto calibre, y la interacción significa comunicación.

En el más simple de los términos considera que la palabra escuchar, significa justamente eso, "Escuchar".

TIPOS DE ESCUCHA

Los dos tipos principales de escucha, que son la base de todos los subtipos de escucha, son

- Escucha discriminatoria

- Escucha comprensiva

Escucha discriminatoria

La escucha discriminativa se desarrolla por primera vez a una edad muy temprana, quizá incluso antes de nacer, en el útero. Es la forma más básica de escucha y no implica la comprensión del significado de las palabras o frases, sino simplemente de los diferentes sonidos que se producen. En la primera infancia, por ejemplo, se distingue entre los sonidos de las voces de los padres: la voz del padre suena diferente a la de la madre.

La escucha discriminativa se desarrolla durante la infancia y hasta la edad adulta. A medida que crecemos y nos desarrollamos y adquirimos más experiencia en la vida, nuestra capacidad para distinguir entre diferentes sonidos mejora. No sólo podemos reconocer diferentes voces, sino que también desarrollamos la capacidad de reconocer diferencias sutiles en la forma en que se producen los sonidos, lo que es fundamental para acabar entendiendo lo que significan. Las diferencias incluyen muchas sutilezas, el reconocimiento de lenguas extranjeras, la distinción de acentos regionales y las pistas sobre las emociones y los sentimientos del hablante.

Ser capaz de distinguir las sutilezas del sonido que emite alguien que está contento o triste, enfadado o estresado, por ejemplo, acaba añadiendo valor a lo que se está diciendo y, por supuesto, ayuda a la comprensión. Cuando la capacidad de escucha discriminativa se combina con los estímulos visuales, la capacidad resultante de "escuchar" el lenguaje corporal nos permite empezar a comprender mejor al interlocutor; por ejemplo, reconocer que alguien está triste a pesar de lo que dice o de cómo lo dice.

Ejemplo: Imagínate rodeado de gente que habla una lengua que no puedes entender.

Quizá estés pasando por un aeropuerto de otro país. Probablemente puedas distinguir entre diferentes voces, de hombre y de mujer, de joven y de anciano, y también comprender algo de lo que ocurre a tu alrededor basándote en el tono de voz, los gestos y el lenguaje corporal de las otras personas. No entiendes lo que se dice, sino que utilizas la escucha discriminativa para obtener cierto nivel de comprensión de tu entorno.

Escucha comprensiva

La escucha comprensiva implica comprender el mensaje o los mensajes que se comunican.

Al igual que la escucha discriminativa, la escucha comprensiva es fundamental para todos los subtipos de escucha.

Para poder utilizar la escucha comprensiva y, por tanto, ganar en comprensión, el oyente necesita primero un vocabulario y unas habilidades lingüísticas adecuadas. Por tanto, utilizar un lenguaje demasiado complicado o una jerga técnica puede ser un obstáculo para la escucha comprensiva. La escucha comprensiva se complica aún más por el hecho de que dos personas diferentes que escuchan lo mismo pueden entender el mensaje de dos maneras distintas. Este problema puede multiplicarse en un entorno de grupo, como un aula o una reunión de negocios, donde pueden derivarse numerosos significados diferentes de lo que se ha dicho.

La escucha comprensiva se complementa con los submensajes de la comunicación no verbal, como el tono de voz, los gestos y otro lenguaje corporal. Estas señales no verbales pueden ayudar en gran medida a la comunicación y la comprensión, pero también pueden confundir y conducir potencialmente a un malentendido. En muchas situaciones de escucha es vital buscar aclaraciones y utilizar habilidades como la reflexión para ayudar a la comprensión.

TIPOS DE ESCUCHA ESPECÍFICOS

La escucha discriminativa y la comprensiva son requisitos previos para determinados tipos de escucha.

Los tipos de escucha pueden definirse por el objetivo de la escucha.

Los tres tipos principales de escucha más comunes en la comunicación interpersonal son

- Escucha informativa (escuchar para aprender)

- Escucha crítica (escuchar para evaluar y analizar)

- Escucha terapéutica o empática (escuchar para comprender los sentimientos y las emociones)

En realidad, puedes tener más de un objetivo para escuchar en un momento dado; por ejemplo, puedes escuchar para aprender y al mismo tiempo intentar ser empático.

Escucha informativa

Siempre que escuchas para aprender algo, estás realizando una escucha informativa. Esto es cierto en muchas situaciones cotidianas, en la educación y en el trabajo, cuando escuchas las noticias, ves un documental, cuando un amigo te cuenta una receta o cuando te hablan de un problema técnico con un ordenador; también hay muchos otros ejemplos de escucha informativa.

Aunque todos los tipos de escucha son "activos", requieren concentración y un esfuerzo consciente para comprender. La escucha informativa es menos activa que muchos de los otros tipos de escucha. Cuando escuchamos para aprender o recibir instrucciones, estamos asimilando información y hechos nuevos, no estamos criticando ni analizando. La escucha informativa, sobre todo en entornos formales como las reuniones de trabajo o en la educación, suele ir acompañada de la toma de notas, una forma de registrar la información clave para poder revisarla más tarde.

Escucha crítica

Se puede decir que estamos realizando una escucha crítica cuando el objetivo es evaluar o escudriñar lo que se dice. La escucha crítica es un comportamiento mucho más activo que la escucha informativa y suele implicar algún tipo de resolución de problemas o toma de decisiones. La escucha crítica es similar a la lectura crítica; ambas implican el análisis de la información que se recibe y la alineación con lo que ya sabemos o creemos. Mientras que la escucha informativa puede consistir sobre todo en recibir hechos o información nueva, la escucha crítica consiste en analizar la opinión y emitir un juicio.

Cuando se utiliza la palabra "crítica" para describir la escucha, la lectura o el pensamiento, no significa necesariamente que estés afirmando que la información que estás escuchando es de algún modo defectuosa o errónea. Más bien, escuchar críticamente significa comprometerse con lo que estás escuchando haciéndote preguntas como "¿qué está tratando de decir el orador?" o "¿cuál es el argumento principal que se presenta?", "¿en qué difiere lo que estoy escuchando de mis creencias, conocimientos u opinión?". La escucha crítica es, por tanto, fundamental para el verdadero aprendizaje.

Muchas de las decisiones cotidianas que tomamos se basan en algún tipo de análisis "crítico", ya sea la escucha, la lectura o el pensamiento crítico. Nuestras opiniones, valores y creencias se basan en nuestra capacidad para procesar la información y formular nuestros propios sentimientos sobre el mundo que nos rodea, así como sopesar los pros y los contras para tomar una decisión informada.

A menudo es importante, cuando se escucha de forma crítica, tener la mente abierta y no estar sesgado por estereotipos o ideas preconcebidas. Al hacerlo, te convertirás en un mejor oyente y ampliarás tu conocimiento y percepción de otras personas y de tus relaciones.

Escucha terapéutica o empática

La escucha empática consiste en intentar comprender los sentimientos y las emociones del interlocutor, en ponerse en su lugar y compartir sus pensamientos.

La empatía es una forma de conectar profundamente con otra persona, y la escucha terapéutica o empática puede ser especialmente difícil. La empatía no es lo mismo que la simpatía, sino que implica algo más que ser compasivo o sentir lástima por otra persona: implica una conexión más profunda, una toma de conciencia y una comprensión del punto de vista de otra persona.

Los consejeros, los terapeutas y algunos otros profesionales utilizan la escucha terapéutica o empática para comprender y, en última instancia, ayudar a sus clientes. Este tipo de escucha no implica hacer juicios ni ofrecer consejos, sino animar suavemente al interlocutor a explicar y elaborar sus sentimientos y emociones. A menudo se utilizan habilidades como la aclaración y la reflexión para evitar malentendidos.

Todos somos capaces de escuchar con empatía y podemos practicarla con amigos, familiares y colegas. Mostrar empatía es un rasgo deseable en muchas relaciones interpersonales: es posible que te sientas más cómodo hablando de tus propios sentimientos y emociones con una persona concreta. Es probable que te escuchen con empatía mejor que otros, lo que suele estar basado en perspectivas, experiencias, creencias y valores similares: un buen amigo, tu cónyuge, un padre o un hermano, por ejemplo.

Diferencias de sexo en la escucha

Aunque se ha hablado mucho de que las mujeres y los hombres son de planetas diferentes y tienen sus propias culturas, la realidad es que todos hemos crecido en el planeta Tierra y nos relacionamos unos con otros todos los días. Y aunque hay diferencias muy fuertes, tengo que decir que tenemos que tener cuidado de no estereotipar y asumir que todos los hombres actuarán de una determinada manera y todas las mujeres actuarán de una determinada manera. Hay mujeres que tienen algunos rasgos que podrían atribuirse al estilo masculino o al revés.

De acuerdo, sabemos que ven el mundo desde perspectivas completamente diferentes. ¿Pero qué hay de la escucha? ¿Puede el hombre escuchar mejor que la mujer?

Está condicionado a escuchar activamente. Cuando una mujer inicia la conversación, él asume que está buscando consejo o ayuda. Se involucra con la mujer, filtrando todo lo que dice a través de la lente de "¿Qué podemos hacer con esto?". Aprender a escuchar con paciencia no le resulta fácil.

Los hombres, mejor que las mujeres, suelen ser capaces de mantenerse centrados en un interlocutor e ignorar a los demás en el entorno.

Por otro lado, las mujeres tienden a comprobar su entorno con mucha más frecuencia que los hombres en busca de otros mensajes importantes.

Ve la conversación como un fin productivo en sí mismo. Si se siente suficientemente escuchada, puede no necesitar tomar más medidas para resolver un problema o "mejorar las cosas". El hecho de que se la haya escuchado apacigua sus ansiedades y atenúa las punzadas de los sentimientos negativos. Compartir con alguien que la comprende y la quiere la cura por dentro y la dota de las herramientas emocionales necesarias para afrontar las pruebas del mundo exterior.

Las mujeres tienden a comprender las partes emocionales de los mensajes con más eficacia que los hombres. Esto se debe probablemente a que las investigaciones indican que las mujeres procesan los mensajes en ambos lados del cerebro más que los hombres. Los hombres tienden a procesar más en el lado izquierdo del cerebro y la información emocional se procesa en el lado derecho.

Según Larry Barker y Kittie Watson, autores del libro "Listen Up", los hombres y las mujeres suelen emplear estilos de escucha diferentes. Los hombres suelen ser oyentes orientados a la acción, lo que significa que se centran en escuchar la información pertinente para la tarea que tienen entre manos. Los oyentes orientados a la acción tienen poca paciencia con los oradores que se salen del tema o incluyen detalles innecesarios. Las mujeres suelen ser oyentes orientados a las personas. Conectan con el mensaje emocional y el trasfondo de una conversación y se preocupan más por el desarrollo de la conversación que por la información pertinente que se discute.

Los hombres y las mujeres que desempeñan el papel de oyentes durante las conversaciones tienden a expresar su capacidad de respuesta de formas diferentes. Las mujeres suelen intervenir con pequeños comentarios de reconocimiento como "sí", "ya veo" y "mm-hmm" para mostrar al interlocutor que están escuchando activamente y procesando el contenido de la conversación. Los hombres tienden a escuchar en silencio, interviniendo poco y normalmente sólo para pedir aclaraciones. La diferencia en el estilo de respuesta puede hacer que las mujeres asuman que los hombres no las escuchan activamente en las conversaciones, mientras que los hombres tienden a pensar que las mujeres "sobreescuchan".

La diferencia en los hábitos de escucha de hombres y mujeres es algo más que perceptiva. Un estudio del Dr. Michael Phillips, neuroaudiólogo de la Facultad de Medicina de la Universidad de Indiana, descubrió diferencias de género en la actividad cerebral de hombres y mujeres. Las exploraciones de imágenes cerebrales mostraron que el hemisferio cerebral izquierdo de los hombres del estudio se activaba mientras que los dos hemisferios se activaban en las mujeres. Estos datos sugieren que existe una diferencia física en la escucha entre hombres y mujeres.

Pues bien, a pesar de toda la investigación sobre las diferencias de género en la escucha, apenas hay pruebas que sugieran que los miembros de un género sean mejores oyentes que los del otro. Hombres y mujeres pueden escuchar igual de bien. La capacidad de escucha parece deberse más a las diferencias individuales y a las circunstancias que al género.

Independientemente de por qué los hombres y las mujeres no escuchan de la misma manera, es importante saber qué hacer para tener un mejor entendimiento. Recuerda que se trata de pautas generales y que cada individuo es diferente.

Para los hombres:

Las mujeres sienten la necesidad de expresarlo todo para ofrecerte la mayor información sobre la situación, por favor, ten paciencia

Las mujeres suelen sentir que a los hombres no les importa lo que dicen debido a la falta de reacción, así que involúcrate.

No des por sentado que lo que dice no es importante porque el tema no lo es para ti. Si se toma el tiempo de hablarte de ello, quiere que te tomes el tiempo de escucharla.

Para las mujeres:

No puedes esperar que la gente reaccione siempre como tú quieres. Si su reacción te frustra, no te enfades, simplemente di que su reacción te confunde.

No es necesario analizar todo lo que dice el otro sexo. No siempre hay un doble sentido en las cosas.

Di lo que quieres decir. Los hombres no pueden leer tu mente y no siempre es tan fácil deducir lo que quieres decir de lo que realmente has dicho.

Señales de escucha ineficaz

Aunque con todas las señales no verbales hay que esperar un cierto grado de error, generalmente los signos de falta de atención al escuchar incluyen:

Falta de contacto visual **con el orador**: los oyentes que están comprometidos con el orador tienden a mantener el contacto visual. Sin embargo, la falta de contacto visual también puede ser un signo de timidez.

Una postura inadecuada: encorvado, inclinado hacia atrás o "columpiándose" en una silla, inclinado hacia delante sobre un escritorio o una mesa y/o una postura que cambia constantemente. Las personas que prestan atención tienden a inclinarse ligeramente hacia el orador.

Estar distraído: estar inquieto, hacer garabatos, mirar el reloj, bostezar.

Expresiones inapropiadas y falta de asentimiento con la cabeza: a menudo, cuando un oyente está atento a un orador, asiente con la cabeza, lo que suele ser una forma casi subconsciente de animar al orador y mostrar su atención.

La **falta de asentimiento con la cabeza puede significar lo contrario**: no se está escuchando. Lo mismo puede ocurrir con las expresiones faciales, los oyentes atentos utilizan la sonrisa como mecanismo de retroalimentación y para mostrar su atención.

Cambios repentinos de tema: Cuando el oyente está distraído, puede pensar repentinamente en otra cosa que no está relacionada con el tema del orador e intentar cambiar la conversación a su nuevo tema.

Escucha selectiva: Se produce cuando el oyente cree haber escuchado los puntos principales o haber captado lo esencial de lo que el orador quiere decir. Filtran lo que perciben como clave y dejan de escuchar o se distraen.

Soñar despierto: La ensoñación puede producirse cuando el oyente escucha algo que desencadena una cadena de pensamientos no relacionados en su cabeza: se distrae con su "propio mundo" y adopta una mirada "lejana".

Aconsejar: Algunas personas quieren intervenir al principio de una conversación y empezar a dar consejos antes de comprender plenamente el problema o las preocupaciones del interlocutor.

Vuelves a centrar la conversación en ti mismo - Otra señal de que no eres un buen oyente es que tiendes a volver a centrar todos los temas en ti. Y puede que ni siquiera te des cuenta de que lo estás haciendo. Por ejemplo, la persona con la que hablas te cuenta con entusiasmo su viaje a Italia, y tú sacas a relucir tu visita a ese país hace cinco años. O tal vez tu compañero de conversación habla de que tiene que mudarse, y tú le cuentas cómo tuviste que mudarte el año pasado. En un momento dado, deja de ser una cuestión de conmiseración o simpatía, y se convierte en ensimismamiento.

Muchas personas no escuchan activamente lo que otra persona está diciendo, sino que esperan a que la otra persona termine para poder intervenir y secuestrar la conversación. Se trata de un comportamiento negativo que puede causar fácilmente problemas en las relaciones profesionales y personales, porque se percibe como egoísta. Cuando nos centramos inmediatamente en la conversación, estamos diciendo indirectamente a la otra persona que no nos importa lo que está diciendo.

Asientes en exceso - Asentir con la cabeza cuando alguien te cuenta algo suele percibirse como un tipo de lenguaje corporal positivo, que ayuda a demostrar que estás escuchando con atención. Pero si parece que te limitas a seguir la corriente, la persona con la que hablas se dará cuenta de ello.

Asentir con la cabeza suele ser una señal de que el oyente ha entendido lo que dice el orador. Pero hacerlo en exceso sólo indica que no estás escuchando y que sólo sigues la corriente del orador, fingiendo que te interesa la conversación.

Te pasas el tiempo escuchando intentando formular una respuesta - Si estás demasiado preocupado por lo que vas a decir en respuesta a alguien, es muy probable que te estés perdiendo una parte fundamental de la conversación. Cuando alguien habla, está describiendo al oyente lo que piensa, sabe, necesita o siente. El oyente necesita estar escuchando su mensaje para recibirlo y procesar su significado. Si tu cerebro está ocupado pensando en una respuesta, no puede estar concentrado simultáneamente en recibir el mensaje comunicado por el orador. Tu cerebro no puede hacer varias cosas a la vez. Así que si estás formulando tu respuesta, no estás escuchando y punto.

La importancia de la interacción

Aunque la interacción social es compleja, confío en que es vital para la salud humana, tanto mental como física, y escuchar ayuda.

A muchas personas les cuesta abrir su corazón y compartir sus sentimientos y problemas. Sin embargo, la interacción social en la que los individuos pueden hablar de sus problemas y sentirse aceptados y comprendidos es realmente beneficiosa para la salud mental.

Cuando estaba cuidando a mi madre de un cáncer y sabía que no sobreviviría, me guardé mis sentimientos para ser fuerte por mi madre. La tensión mental me provocaba dolores de cabeza por estrés, músculos atrapados, insomnio y angustia mental.

Encontré una compañera de trabajo a la que podía expresar mis sentimientos (que me parecía egoísta admitir) y, tras conversaciones y lágrimas constantes, mis dolores de cabeza y la tensión se calmaron considerablemente. El estrés seguía ahí y empeoró con el duelo, pero la tensión física y mental nunca fue tan consumidora una vez que empecé a compartir con otras personas.

Otra forma en la que la interacción social puede ayudar a la salud es que puede cuestionar las distorsiones que frecuentemente construimos a través de nuestros sistemas de creencias y experiencias. Me he dado cuenta de que cuando estaba en el paro y vivía sola en un lugar nuevo, estaba sola durante gran parte del tiempo y las cosas que no eran habitualmente significativas adquirían mucha más importancia y las ideas/nociones se distorsionaban. Cuando volví a interactuar con los demás en el trabajo, las cosas que causaban molestias o una leve angustia se fundieron en la insignificancia.

Un estudio descubrió que las ratas que vivían en grupo vivían un 40% más que las que se alojaban solas y, asimismo, se recuperaban más rápidamente de las enfermedades. Este experimento se ha ampliado para equiparar a los seres humanos solitarios y sociales y, aunque el ensayo aún está en marcha, las primeras lecturas muestran que los individuos solitarios no se recuperan tan rápidamente de las enfermedades, no duermen tan bien y tienen una presión arterial sistólica más alta. Las primeras conclusiones del ensayo afirman que la interacción social ayuda a los individuos a estar más sanos y a vivir más tiempo.

Esto también se ha descubierto en otros estudios, que descubrieron que los individuos solitarios muestran una serie de cambios cardiovasculares adversos en comparación con los individuos con amigos. Tienen latidos más rápidos, una presión arterial más alta y un sueño más pobre.

También hay grandes pruebas de que el apoyo social influye favorablemente en una amplia gama de enfermedades, como la cardiopatía, el cáncer, la hipertensión y los trastornos respiratorios.

La interacción social es un proceso complejo y me pareció intrigante que los humanos respondan más rápidamente en grupo, pero que los actos más complejos se vean obstaculizados. Los individuos pueden perjudicar su salud si su principal grupo de referencia muestra conductas peligrosas (como comportamientos de alto riesgo, como el consumo de drogas o las acrobacias). Asimismo, hay ocasiones en las que un individuo tiene grupos de referencia conflictivos que se oponen fuertemente entre sí. Esto puede causar estrés mental. Asimismo, algunos individuos, como los ermitaños y los reclusos, pueden llevar una vida sana y el hacinamiento puede causar insalubridad. La interacción social es buena, pero casi todo el mundo valora el tiempo a solas. Yo sé que si no tengo ese tiempo a solas, el bienestar de mi familia se resiente.

Sin embargo, una gran interacción social es una parte clave para vivir bien. Un estudio tras otro señala las buenas amistades, las relaciones y la salud como las cosas más cruciales que hay que tener para ser feliz y sentirse realizado.

Un gran apoyo puede contribuir a proteger contra los efectos nocivos del estrés, ayudando a los individuos a afrontarlo mejor. Se ha comprobado que la interacción social y el apoyo ayudan a afrontar alteraciones vitales importantes, como la emigración, la mudanza, el despido y el duelo. La compleja naturaleza de las situaciones sociales hace difícil aislar la interacción social como única causa de mejora o protección del bienestar.

Sin embargo, muchos estudios han determinado que la interacción social tiene un papel importante en la mejora de la salud y el hecho de que todas las culturas populares valoren esta interacción es una prueba sustancial del poder de la interacción social.

Por qué es tan importante escuchar activamente

Cuando no hay escucha activa, hay mala comunicación, y cuando hay mala comunicación, se pierden oportunidades y se crean o perpetúan los problemas.

La escucha activa anima a las personas a abrirse, reduce la posibilidad de malentendidos, ayuda a resolver problemas y conflictos y genera confianza.

Las investigaciones han demostrado que la mayoría de las personas pasan hasta el 90% de su tiempo de vigilia dedicadas a alguna forma de comunicación, ya sea leyendo, escribiendo, hablando o escuchando. Sin embargo, más de la mitad de nuestro tiempo de comunicación se dedica a escuchar, o a lo que pasa por escuchar. Cualquier persona que ocupe un puesto directivo probablemente dedique hasta un 70% de su tiempo de comunicación a escuchar. Cuanto más se asciende en la cadena de mando, más se exige al individuo que escuche a otras personas.

Los estudios también revelan que sólo oímos correctamente entre el 25% y el 50% de lo que se nos dice. De una conversación de 10 minutos, puede que sólo obtengas entre 2½ y 5 minutos de información útil. Aunque esto puede ser suficiente para captar la idea general de la conversación, sigue habiendo un 50% o 75% que se te escapa. Por tanto, la posibilidad de que se pierdan detalles importantes es significativa.

En cierto modo, la importancia de escuchar apenas necesita explicación. Nadie puede vivir en este mundo moderno y no comprender la necesidad de comunicarse con otras personas. No es la importancia de la escucha lo que realmente hay que subrayar; es la idea errónea de que escuchar es fácil y ocurre por defecto. Todas las relaciones humanas, desde las más personales que mantenemos con nuestra pareja e hijos, pasando por las que tenemos con los amigos y nuestra familia más extensa, hasta las que se dan en nuestra vida laboral, y las que experimentamos con simples conocidos, todas estas relaciones se basan en nuestra capacidad de comunicarnos eficazmente.

Una de las quejas más comunes tras el fracaso de cualquier relación personal es que la otra parte no escuchó, o que hubo una falta de

comprensión, que viene a ser lo mismo. Cuando una persona parece estar escuchando, pero no comprende realmente lo que se dice y de dónde viene la otra persona, es porque no se ha producido realmente la escucha, no la escucha activa que importa.

Los seres humanos son criaturas sociales. La comunicación no sólo es inevitable, sino que es realmente deseable. Ansiamos la interacción como medio de animar nuestro tiempo en esta tierra, y porque nos mantiene (relativamente) cuerdos. Nos permite expresar nuestras emociones -nuestras esperanzas y temores, alegrías y penas- y compartirlas con otras personas que creemos que pueden estar interesadas, o que pueden ayudarnos a darles sentido. Pero cuando hablamos, tiene que haber alguien que nos escuche para que tenga algún sentido.

En términos sencillos, hablar es una persona que tiende la mano, y escuchar es otra persona que acepta y se apodera de ella. Juntos forman la comunicación, y ésta es la base de todas las relaciones humanas. En este caso, es fundamental que el oyente escuche de verdad con el fin de ofrecer una respuesta constructiva. Qué catastrófico sería que un individuo deprimido llamara a una línea de ayuda y, tras quince minutos derramando su corazón, el oyente dijera "Ajá. ¿Qué? Lo siento, no estaba escuchando, dímelo otra vez". No escuchar puede crear un inmenso daño, si no un auténtico perjuicio.

La escucha activa indica al interlocutor que lo que tiene que decir importa. Crea una sensación de confianza de que el consejo está a mano; un consejo que será considerado y útil. Un oyente es una caja de resonancia que permite al orador desarrollar pensamientos que, hasta ese momento, pueden haber sido difíciles de aclarar.

BARRERAS COMUNES A LA ESCUCHA ACTIVA

La escucha puede verse afectada por varias barreras que impiden una comunicación adecuada.

Ignorancia y engaño

La primera barrera para la escucha activa es, sencillamente, no darse cuenta de que no se está produciendo. La mayoría de nosotros podemos pasar por la vida perfectamente sin desarrollar nuestras habilidades de escucha, sobre todo porque, para empezar, no clasificamos la escucha como una habilidad, y porque la mayoría de los demás se encuentran en el mismo estado de ignorancia. Es muy fácil entonces engañarse pensando que escuchar sólo implica permitir que otra persona hable en tu presencia. Incluso cuando eres tú quien habla y te enfrentas a un pésimo oyente, puede que no te des cuenta de que eres tan malo escuchando como él. Sólo cuando nos enfrentamos a un oyente realmente dotado -que escucha activamente- podemos darnos cuenta de nuestras carencias en comparación.

Reticencia

El posible resultado de escuchar activamente a otra persona puede ser que te veas envuelto en su situación de alguna manera. Las personas que comparten sus problemas suelen hacerlo porque buscan consejo, pero también pueden querer que el oyente se implique más profundamente. Cuando esto es obvio desde el principio, el oyente puede ser reacio a implicarse y, por tanto, puede dejar de prestar voluntariamente un oído comprensivo.

Sesgo y prejuicio

La interpretación personal del oyente sobre lo que está escuchando puede hacer que responda negativamente al orador. O bien asumen que conocen la situación porque se han enfrentado a algo similar en el pasado, o bien permiten que sus ideas preconcebidas coloreen su forma de responder. En el primer caso, el oyente no escucha adecuadamente los hechos porque ya cree conocer toda la historia. Esto significa que puede restar importancia al problema u ofrecer una respuesta que no satisface las necesidades del oyente. En el segundo caso, el oyente juzga negativamente al orador porque sus opiniones o creencias son contrarias a las suyas.

Asunto

Puede que el oyente simplemente no esté interesado en lo que dice el orador. Esto puede deberse a que el tema le resulte aburrido, a que considere que está demasiado lejos de su experiencia como para comentarlo, o a que su falta de conocimientos le haga desestimar la gravedad del problema. Todo esto hará que el oyente se desconecte en cierta medida.

Situación del portavoz

La opinión del oyente sobre el orador, como persona, puede influir en la medida en que se sienta feliz de prestar atención y dedicar su tiempo. Esto puede basarse en la simple simpatía o antipatía, o en el estatus. La primera situación puede hacer que el oyente esté pendiente de cada palabra o que se resienta positivamente de la imposición. La segunda situación también puede producir estos mismos resultados: los pensamientos de un orador de bajo estatus pueden considerarse indignos, y los de un individuo de alto estatus pueden provocar una atención embelesada porque el oyente se siente honrado de haber sido incluido o consultado.

Cómo se siente el oyente

Aunque tu trabajo consista en escuchar a otras personas, tu capacidad para escucharlas activamente puede verse fácilmente afectada por cómo te sientas en ese momento. Todos sabemos cómo va esto. Si no tienes cuidado, tus emociones pueden dictar todo tu día. Esto incluye, en particular, la forma en que respondes a las personas que quieren agachar la cabeza con sus problemas. Si estás de buen humor, te sientes cariñoso y dadivoso y eres capaz de ofrecer tu mejor consejo basado en tu incisivo análisis de lo que acabas de escuchar activamente. Si tu estado de ánimo es pésimo, la mera idea de que alguien quiera agobiarte con sus pensamientos, y más aún con sus problemas, sólo te hace sentir resentimiento. Así que finges y finges prestar atención y estar interesado, haciendo perder el tiempo a todo el mundo.

Tiempo y lugar

Estos son los factores físicos que influyen en que estés dispuesto o seas capaz de escuchar activamente lo que se te dice. Si tienes un tiempo limitado para escuchar, puede que estés tan preocupado por las limitaciones de tiempo que no puedas concentrarte lo suficiente para escuchar de verdad. Lo cierto es que incluso cinco minutos de escucha activa pueden resultar un tiempo de oro para el orador, pero puede no ser posible con un oyente que mira el reloj.

La ubicación también puede ser un problema. Mantener una conversación en la calle junto a una excavadora mecánica en plena marcha nunca va a favorecer la escucha activa. Del mismo modo, intentar hablar de un asunto delicado con una persona con problemas de audición y que no quiere llevar un audífono en medio de un restaurante abarrotado está condenado al fracaso. Puede que sean ejemplos extremos, pero ponen de manifiesto la importancia de elegir el momento y el lugar adecuados. Como oyente, es mucho mejor ser honesto y programar un momento y un lugar más adecuados que sucumbir a la presión de escuchar ahora y luego no escuchar.

Hablar en exceso

Una buena capacidad de conversación es una ventaja, y una persona con estas habilidades tiene más posibilidades de alcanzar el éxito profesional. Sin embargo, hablar más de lo necesario es un obstáculo para la comunicación eficaz. La gente duda en interactuar con una persona que habla excesivamente sin escucharla. También pueden aburrirse, y hablar en exceso puede percibirse como una agresión.

Prueba estos consejos para superar este hábito:

Piensa antes de hablar, y no hables si no tienes nada importante que aportar.

Practica el autocontrol. Deja que la otra persona hable.

Evita interrumpir cuando la otra persona está hablando.

Sé consciente de no dejarte llevar por una charla inútil por el mero hecho de hablar.

Sé breve al transmitir tus pensamientos.

Observa las reacciones de tu oyente mientras hablas.

Prejuicio

El prejuicio es una opinión preconcebida de un sentimiento, que suele ser irracional. Los prejuicios son muy peligrosos y tienen el potencial de generar animosidad en el equipo y romper el espíritu de equipo. El motivo de un prejuicio puede ser la raza, la religión, la edad o la apariencia del interlocutor. Una persona con prejuicios no hará ningún esfuerzo por escuchar y comprender.

Superar los prejuicios al escuchar:

Respeta a la otra persona por sus conocimientos y habilidades, independientemente de su origen.

Haz un esfuerzo consciente para hacerte cargo de tus pensamientos.

Evita conscientemente adoptar una actitud de "sé lo que va a decir" mientras la otra persona habla.

Esperar que los demás compartan tus creencias y valores personales

Todo el mundo tiene sus propias creencias y sistemas de valores personales, y es natural querer aplicarlos a los demás que nos rodean. Aprende a apreciar que los demás no tienen por qué compartir tus creencias. De hecho, ¡sus perspectivas únicas pueden arrojar luz sobre problemas y cuestiones que no has podido tratar antes!

Malentendido

La incapacidad de oír correctamente es una de las muchas razones por las que se malinterpreta lo que un orador intenta comunicar. Puede que pienses que es descortés pedir al orador que aclare sus palabras o intenciones, pero no es así en absoluto. La mayoría de la gente apreciará el hecho de que te esfuerces por comprender realmente lo que intenta decir.

Interrumpiendo

Interrumpir una conversación con un lenguaje corporal inadecuado o con palabras inapropiadas tendrá un impacto negativo en la comunicación efectiva. Aquí tienes algunos consejos que te ayudarán a evitar este obstáculo para la escucha eficaz:

Escucha sin interrumpir mientras la otra persona habla. Si quieres aclarar algo, utiliza el lenguaje corporal adecuado, como levantar la mano o pedir amablemente más detalles (como "siento interrumpirte...").

Fingir la atención

La persona que finge atención sólo "oye" pero no "escucha". Puede haber algún contacto visual y la persona puede incluso asentir, pero la mente está en otra parte. La persona puede estar pensando en lo que va a comer o en lo que se va a poner para la fiesta de esa noche. Fingir la atención es un hábito para algunas personas, pero transmite falta de respeto y deshonestidad.

Prueba estos consejos:

Acostúmbrate a escuchar con atención. Es aconsejable asumir que la otra persona sabe algo que tú no sabes.

Evita pensar en cómo responder cuando la otra persona está hablando.

Este hábito puede superarse tomando notas mientras la otra persona habla.

Introducir las emociones

Las emociones erigen barreras a la comunicación eficaz. Es probable que los sentidos de un oyente no funcionen a su nivel óptimo cuando está enfadado. Del mismo modo, no es posible entender o apreciar lo que dice el orador si el oyente está excesivamente triste.

Consejo: Es mejor evitar las conversaciones cuando estás enfadado o excesivamente triste.

Ruido

El ruido es cualquier sonido no deseado. Es un gran impedimento para una comunicación clara. Es imposible escuchar en un entorno ruidoso: se convierte en una experiencia frustrante tanto para el hablante como para el oyente.

Intenta evitar las conversaciones en entornos ruidosos.

Elimina la fuente de ruido siempre que sea posible. Apaga los teléfonos móviles, las radios y los televisores.

Miedo

El miedo es una gran barrera para escuchar. Las personas que tienen miedo durante una conversación no suelen escuchar. Se ponen a la defensiva y tienden a discutir.

Consejos para superar el miedo:

Sé consciente de que el miedo sólo puede empeorar la situación. Escucha lo que la otra persona va a decir sin miedo.

Mantener la calma te dará fuerza mental para afrontar cualquier situación.

Respirar profundamente ayuda a superar el miedo.

Los grandes líderes son buenos oyentes. La escucha eficaz es una valiosa habilidad que ayuda a los miembros del equipo a alcanzar sus objetivos de forma eficiente y mejora la productividad. Esta habilidad es necesaria para seguir siendo competitivo en el escenario global actual. Poner en práctica los consejos mencionados anteriormente ayudará sin duda a mejorar la capacidad de escucha. Es posible con autoexamen y autodisciplina.

Corta capacidad de atención

Cuando se les pide que adivinen la capacidad de atención media de un adulto, la mayoría de las personas dicen que es de unos 30 minutos. Sin embargo, según las estadísticas, ¡sólo son siete segundos! Así es, cada siete segundos nuestro cerebro nos lleva a otra parte. Si estamos escuchando, tenemos que hacer un esfuerzo consciente para mantener la atención y resistir los intentos de nuestro cerebro de ir a otro sitio. Si estamos hablando, ayuda hacer una pausa de vez en cuando para volver a involucrar al otro individuo. Si monopolizamos el diálogo, está casi garantizado que perderemos al otro individuo. De hecho, por definición, eso deja de ser un diálogo y se convierte en un monólogo.

Las pausas permiten al otro individuo responder, hacer preguntas y sentir que su perspectiva es valiosa. Además, utiliza ejemplos para desarrollar anclajes visuales para tus conceptos. En una conversación, compartir una idea sin un ejemplo es como un árbol sin raíces o una casa sin cimientos. Sin el poder de desarrollar estos anclajes visuales en nuestros cerebros, muchos conceptos no se fijan.

Demasiadas distracciones

Piensa en esto: En 1970, el individuo medio estaba expuesto a unos 500 mensajes publicitarios o de venta al día. Hoy en día, esa cifra se acerca a

5.000 al día! La cantidad de productos en una tienda de comestibles era de unos 7.000 en aquella época, ¡frente a los casi 50.000 actuales!

Tenemos tantos estímulos que compiten por nuestra atención que, como mecanismo de afrontamiento, nos centramos sólo en los individuos y las cosas que son más "ruidosas" o que realmente tienen un significado para nosotros personalmente. Todo lo demás se convierte en ruido blanco. En la medida de lo posible, mantén conversaciones importantes lejos de estas distracciones.

Supuestos falsos

Si no tenemos cuidado, haremos automáticamente suposiciones sobre el otro individuo y lo que está diciendo. Dejamos que nuestros propios prejuicios emocionales decidan cómo y qué escuchamos, incluso juzgando si es digno de nuestra atención. Es sorprendentemente típico que definamos y juzguemos no sólo lo que dice el otro individuo, sino también por qué lo dice, incluso antes de que haya terminado.

A esto se suma el hecho de que el individuo medio habla a unos

140 palabras por minuto, mientras que la mayoría de nosotros pensamos a unas 600 palabras por minuto. Nuestra mente trata de

leer por adelantado e interpretar la información, antes de haberla escuchado toda.

Simplemente no nos tomamos el tiempo necesario para empatizar de verdad. Intenta entrar en las conversaciones con un deseo sincero de comprender no sólo el mensaje, sino también los verdaderos sentimientos y los motivos del otro individuo, no los sentimientos y los motivos que nuestra mente quiere asignar arbitrariamente. Sigue haciéndote la pregunta: "¿por qué está diciendo esto; por qué se siente así?". Cuando hables, intenta exponer tu posición de varias formas diferentes para minimizar las falsas suposiciones.

Falta de formación

A muchos de nosotros no nos han enseñado formalmente a escuchar. No es de extrañar que escuchar sea un reto para la mayoría de nosotros. Intenta establecer y mantener un buen contacto visual, pero sin llegar a un extremo espeluznante. Es asombroso lo mucho que puedes comprometerte intelectual y emocionalmente con una persona con sólo mantener un fuerte contacto visual. Y recuerda que, si estás hablando con un posible cliente, su inclinación a comprar va a empezar por el sentimiento emocional que desarrolle hacia ti, mucho más que por lo que considere la calidad de tu servicio, herramienta o producto.

Aprende a estar presente con las personas y a prestarles toda tu atención. Pregúntate repetidamente: "¿por qué esta persona se siente así?". Hazles preguntas. No intentes hacer varias cosas a la vez, no leas el correo electrónico ni mires la pantalla del ordenador; resiste a dejarte distraer.

Escuchar es un trabajo

Y por último, la escucha empática es simplemente un trabajo duro. Cuando escuchas con empatía, tu ritmo respiratorio aumenta y tu corazón empieza a latir más rápido. Si no estás condicionado para escuchar con eficacia, ponte a entrenar. Desarrolla tu capacidad y resistencia para escuchar.

Entra en las conversaciones con la determinación consciente de ser empático; de comprender tanto el "qué" como el "por qué" del otro individuo. Los resultados serán sorprendentes. Las relaciones serán más fuertes, los esfuerzos de venta mucho más exitosos y la vida mucho más gratificante. Ése es mi objetivo. Ése es mi compromiso. La escucha empática se convertirá en mi superpoder este año.

Las habilidades de la escucha empática

La escucha empática es una forma de escuchar y responder a otro individuo que mejora la comprensión y la confianza mutuas. Es una habilidad crucial para todos los individuos, ya que permite al oyente recibir e interpretar con precisión el mensaje del hablante, para luego ofrecer una reacción adecuada. La respuesta es una parte integral del proceso de escucha y puede ser vital para el éxito de una negociación o mediación.

En medio de sus ventajas, la escucha empática:

1. Forma la confianza y el respeto,

2. Permite a los individuos soltar sus emociones,

3. Reduce las tensiones,

4. Promueve la aparición de información

5. Crea un entorno seguro que favorezca la colaboración en la resolución de problemas

Aunque es útil para todos los implicados, el poder y la voluntad de escuchar con empatía suele ser lo que diferencia a los individuos de los demás implicados. Incluso cuando los asuntos no se resuelven durante la mediación, el método de escucha puede tener un efecto fundamental en las partes.

Los individuos tienden a filtrar los datos que reciben a través de sus propios paradigmas, leyendo su autobiografía en la vida de otras personas, o proyectando sus propios puntos de vista en el comportamiento de otras personas.

Cuando un individuo diferente está hablando, solemos "escuchar" en uno de los cuatro niveles: ignorar, fingir, escuchar selectivamente o escuchar atentamente. Deberíamos utilizar la quinta forma de escucha, la más elevada: la escucha empática.

La escucha empática es escuchar con la intención de comprender el marco de referencia y los sentimientos de la otra persona. Hay que escuchar con los oídos, los ojos y el corazón.

La escucha empática es un tremendo depósito en la cuenta bancaria emocional. Es profundamente terapéutica y curativa, ya que da un "aire psicológico" al individuo.

Junto a la supervivencia física, la mayor necesidad del ser humano es la supervivencia psicológica: ser comprendido, ser afirmado, ser validado y ser apreciado.

CÓMO ESCUCHAR

La empatía es el poder de proyectarse en la personalidad de otro individuo para comprender mejor sus emociones o sentimientos. Con la escucha empática, el oyente hace saber al interlocutor: "Comprendo tu problema y cómo te sientes al respecto, me interesa lo que dices y no te juzgo".

El oyente comunica inequívocamente este mensaje mediante palabras y acciones no verbales, incluido el lenguaje corporal. Al hacerlo, el oyente anima al hablante a expresarse totalmente sin interrupciones, sin críticas y sin que le digan lo que tiene que hacer.

No es aconsejable ni necesario que una persona esté de acuerdo con el interlocutor, aunque se le pida que lo haga. En general, basta con hacer saber al interlocutor: "Te entiendo y me interesa ser un recurso para ayudarte a resolver este asunto".

Debería ser evidente que la escucha empática es una habilidad fundamental que reforzará la eficacia interpersonal de las personas en numerosos aspectos de su vida profesional y personal. Mediante el uso de la escucha hábil, estas personas pueden controlar la escucha por su:

1. La disposición a dejar que las otras partes dominen la discusión,

2. Prestar atención a lo que se dice,

3. Preocuparse por no interrumpir

4. Uso de preguntas abiertas,

5. Sensibilidad a las emociones que se expresan

6. Capacidad de reflejar al otro individuo, la sustancia y los sentimientos que se expresan

Cuando escuchas bien

Enfréntate al orador y mantén el contacto visual

Hablar con alguien mientras escudriña la habitación, estudia la pantalla del ordenador o mira por la ventana es como intentar acertar en un blanco móvil. ¿Qué parte de la atención dividida de la persona estás consiguiendo realmente? ¿El cincuenta por ciento? ¿El cinco por ciento? Si la persona fuera tu hijo, podrías exigirle: "Mírame cuando te hablo", pero eso no es lo que le decimos a un amante, a un amigo o a un colega.

En la mayoría de las culturas occidentales, el contacto visual se considera un ingrediente básico de la comunicación eficaz. Cuando hablamos, nos miramos a los ojos. Eso no significa que no puedas mantener una conversación desde el otro lado de la habitación, o desde otra habitación, pero si la conversación se prolonga durante algún tiempo, tú (o la otra persona) se levantará y se moverá. El deseo de mejorar la comunicación os une.

Haz a tus interlocutores la cortesía de girarte para mirarlos. Deja a un lado los papeles, los libros, el teléfono y otras distracciones. Míralos, aunque ellos no te miren. La timidez, la incertidumbre, la vergüenza, la culpa u otras emociones, junto con los tabúes culturales, pueden inhibir el contacto visual en algunas personas en determinadas circunstancias. Perdona al otro, pero mantén la concentración tú mismo.

Estate atento, pero relajado

Ahora que has establecido contacto visual, relájate. No tienes que mirar fijamente a la otra persona. Puedes apartar la mirada de vez en cuando y continuar como una persona normal. Lo importante es estar atento. El diccionario dice que "atender" a otra persona significa:

- estar presente

- prestar atención

- aplica o dirígete a ti mismo

- presta atención

- permanecer en disposición de servir

Elimina mentalmente las distracciones, como la actividad y el ruido de fondo. Además, intenta no centrarte en el acento o los gestos del orador hasta el punto de que se conviertan en distracciones. Por último, no te distraigas con tus propios pensamientos, sentimientos o prejuicios.

Mantén la mente abierta.

Escucha sin juzgar a la otra persona ni criticar mentalmente las cosas que te dice. Si lo que dice te alarma, sigue adelante y siéntete alarmado, pero no te digas a ti mismo: "Bueno, ha sido una estupidez". En cuanto te entregues a bemoles de juicio, habrás comprometido tu eficacia como oyente.

Escucha sin sacar conclusiones precipitadas. Recuerda que el hablante está utilizando el lenguaje para representar los pensamientos y sentimientos que tiene en su cerebro. No sabes cuáles son esos pensamientos y sentimientos y la única forma de averiguarlo es escuchando.

No seas un acaparador de frases. De vez en cuando, mi compañero no puede ralentizar su ritmo mental lo suficiente como para escuchar con eficacia, así que intenta acelerar el mío interrumpiendo y terminando mis frases. Esto suele llevarle muy lejos, porque sigue su propia línea de pensamiento y no se entera de hacia dónde se dirigen mis pensamientos. Tras un par de rondas de esto, suelo preguntar: "¿Quieres mantener esta conversación tú solo o quieres escuchar lo que tengo que decir?". No lo haría con todo el mundo, pero con él funciona.

Escucha las palabras e intenta imaginarte lo que dice el orador.

Deja que tu mente cree un modelo mental de la información que se comunica. Tanto si se trata de una imagen literal como de un conjunto de conceptos abstractos, tu cerebro hará el trabajo necesario si te mantienes concentrado, con los sentidos totalmente alerta. Cuando escuches durante mucho tiempo, concéntrate en las palabras y frases clave y recuérdalas.

Cuando te toque escuchar, no pases el tiempo planeando lo que vas a decir a continuación. No puedes ensayar y escuchar al mismo tiempo. Piensa sólo en lo que la otra persona está diciendo.

Por último, concéntrate en lo que se dice, aunque te aburra. Si tus pensamientos empiezan a divagar, oblígate inmediatamente a volver a centrarte.

No interrumpas y no impongas tus "soluciones".

Antes se enseñaba a los niños que es de mala educación interrumpir. No estoy seguro de que ese mensaje se siga transmitiendo. Ciertamente, en la mayoría de los programas de entrevistas y de telerrealidad se enseña lo contrario, ya que se aprueba, si no se fomenta, el comportamiento ruidoso, agresivo y directo.

Interrumpir envía una serie de mensajes. Dice

"Soy más importante que tú".

"Lo que tengo que decir es más interesante, preciso o relevante".

"Realmente no me importa lo que pienses".

"No tengo tiempo para tu opinión".

"Esto no es una conversación, es un concurso, y voy a ganar".

Todos pensamos y hablamos a ritmos diferentes. Si eres un pensador rápido y un hablador ágil, te corresponde relajar tu ritmo para el comunicador más lento y reflexivo, o para el que tiene problemas para expresarse.

Cuando escuches a alguien hablar de un problema, abstente de sugerir soluciones. De todos modos, la mayoría de nosotros no queremos tu consejo. Si los queremos, los pediremos. La mayoría preferimos encontrar nuestras propias soluciones. Necesitamos que nos escuches y nos ayudes a hacerlo. En algún momento, si se te ocurre una solución brillante, al menos pide permiso al interlocutor. Pregunta: "¿Te gustaría escuchar mis ideas?".

Espera a que el orador haga una pausa para hacer preguntas aclaratorias.

Cuando no entiendas algo, por supuesto que debes pedir al orador que te lo explique. Pero en lugar de interrumpir, espera a que el orador haga una pausa. Entonces di algo como: "Retrocede un segundo. No he entendido lo que acabas de decir sobre..."

Haz preguntas sólo para asegurarte de que lo entiendes.

Durante la comida, una compañera te está contando con entusiasmo su viaje a Vermont y todas las cosas maravillosas que hizo y vio. En el transcurso de esta crónica, menciona que pasó un tiempo con una amiga común. Tú te lanzas a decir: "Oh, hace años que no sé nada de Alice. ¿Cómo está?" y, sin más, la conversación se desplaza hacia Alice y su divorcio, y los pobres niños, lo que lleva a una comparación de las leyes de custodia, y antes de que te des cuenta ha pasado una hora y Vermont es un recuerdo lejano.

Esta particular afrenta conversacional ocurre todo el tiempo. Nuestras preguntas llevan a la gente en direcciones que no tienen nada que ver con el lugar al que pensaban ir. A veces conseguimos volver al tema original, pero muy a menudo no lo hacemos.

Cuando notes que tu pregunta ha desviado al interlocutor, asume la responsabilidad de reconducir la conversación diciendo algo como: "Ha sido estupendo oír hablar de Alicia, pero cuéntame más sobre tu aventura en Vermont".

Intenta sentir lo que siente el hablante.

Si te sientes triste cuando la persona con la que hablas expresa su tristeza, alegre cuando expresa su alegría, temeroso cuando describe sus miedos, y transmites esos sentimientos a través de tus expresiones faciales y tus palabras, tu eficacia como oyente está asegurada. La empatía es el corazón y el alma de la buena escucha.

Para experimentar la empatía, tienes que ponerte en el lugar de la otra persona y permitirte sentir lo que es ser ella en ese momento. Esto no es algo fácil de hacer. Requiere energía y concentración. Pero es algo generoso y útil, y facilita la comunicación como ninguna otra cosa.

Da al orador información periódica.

Demuestra que entiendes el punto de vista de tu interlocutor reflejando sus sentimientos. "¡Debes estar emocionada!" "Qué experiencia tan terrible para ti". "Veo que estás confundido". Si los sentimientos del interlocutor están ocultos o no son claros, parafrasea de vez en cuando el contenido del mensaje. O simplemente asiente con la cabeza y muestra tu comprensión mediante expresiones faciales adecuadas y un ocasional y oportuno "hmmm" o "uh huh".

La idea es dar a la oradora alguna prueba de que la estás escuchando y de que sigues su hilo de pensamiento, y no te entregas a tus propias fantasías mientras ella habla con el éter.

En situaciones de trabajo, ya sea en el trabajo o en casa, repite siempre las instrucciones y los mensajes para asegurarte de que los has entendido correctamente.

Presta atención a lo que no se dice, a las señales no verbales.

Si excluyes el correo electrónico, la mayor parte de la comunicación directa es probablemente no verbal. Obtenemos mucha información sobre los demás sin decir una palabra. Incluso por teléfono, puedes aprender casi tanto sobre una persona por el tono y la cadencia de su voz que por cualquier cosa que diga. Cuando hablo con mi mejor amiga, no importa de qué hablemos, si oigo un tono y una risa en su voz, me siento segura de que le va bien.

Cara a cara con una persona, puedes detectar el entusiasmo, el aburrimiento o la irritación muy rápidamente en la expresión de los ojos, la postura de la boca, la inclinación de los hombros. Son pistas que no puedes ignorar. Cuando escuches, recuerda que las palabras sólo transmiten una parte del mensaje.

Ejercicio de habilidades de escucha: Resumir, resumir, resumir!

Durante al menos una semana, al final de cada conversación en la que se intercambie información, concluye con una declaración resumida. En las conversaciones que den lugar a acuerdos sobre obligaciones o actividades futuras, resumir no sólo garantizará un seguimiento preciso, sino que se sentirá perfectamente natural. En las conversaciones que no incluyan acuerdos, si resumir resulta incómodo, explica que lo haces como un ejercicio.

MÁS CONSEJOS PARA AGUDIZAR TU CAPACIDAD DE ESCUCHA

Un mandato crítico del líder es perfeccionar su capacidad de escucha. El paso aquí es modificar su perspectiva básica durante la interacción. Qué magnífico sería el mundo si todo el mundo pasara a niveles superiores de escucha. ¿Y tú? Como líder, ¿tienes el deseo de convertirte en un oyente más eficaz? ¿Por qué no lo intentas?

A continuación se presentan diez tácticas que pueden potenciarte como mejor oyente

1. Presta atención a las ideas y los temas centrales. Busca el tema fundamental o los puntos principales del orador en lugar de perderte en los detalles menores o reaccionar ante ellos.

2. Juzga la sustancia, no la forma de decirlo. Concéntrate, en la medida de lo posible, en lo que afirma el orador e intenta no dejarte influir indebidamente por su forma de decirlo.

3. Explora las áreas de interés. Es tremendamente fácil desconectar de un orador, así que trabaja para compartir su entusiasmo. Busca con ahínco nuevas ideas o puntos de vista que puedan ser ventajosos para ti.

4. Nunca saques conclusiones prematuras. Es fácil presumir que conoces el resto de una frase o de un mensaje después de escuchar el principio. Evita prejuzgar un mensaje, para poder aceptarlo y evaluarlo en su totalidad.

5. Toma apuntes, pero ajusta tu evaluación al orador. Mientras tomas notas, perfeccionas tu recepción, comprensión y, por supuesto, la retención de los datos.

6. Concéntrate y resiste las distracciones. Las distracciones externas incluyen acontecimientos impertinentes que puedes ver u oír, o que pueden estar afectando a tus otros sentidos. Las distracciones internas se producen cuando tu mente divaga en recuerdos no relacionados o cambia su enfoque hacia los reparos, los planes o las expectativas.

7. Utiliza el ritmo rápido de pensamiento en tu beneficio. Un buen número de personas pueden pensar cuatro o cinco veces más rápido de lo que hablan. No dejes que tu mente rápida se entregue a cavilaciones no relacionadas con la conversación. Aprovecha tu velocidad de pensamiento cotejando, deduciendo, evaluando y abreviando activamente los mensajes recibidos.

8. Verifica tus emociones. Todo el mundo sabe que el intelecto es esclavo de las emociones. Sé receptivo a las cosas que desencadenan

tus emociones y amplía tus esfuerzos para centrarte en una recepción y comprensión claras de lo que se dice.

9. Flexiona tu mente. Puedes rehuir los temas complicados o difíciles, o puedes enfrentarte intelectualmente a información bizantina para tener la oportunidad de madurar.

10. Ama la escucha! Sé un oyente activo. Toma en serio las sugerencias mencionadas anteriormente. Haz preguntas y pide aclaraciones. Participa activamente en los dolores del emisor para mejorar tu nivel de comprensión, tanto si crees que lo vas a consentir como si no.

Mejorar tu capacidad de escucha activa

El primer paso es aceptar que la mejora es posible y necesaria. Una vez hecho esto, hay habilidades específicas que se pueden aprender para que puedas convertirte casi instantáneamente en un oyente activo y en un comunicador más eficaz. La práctica, sin embargo, es la clave de tu éxito. Sólo mediante la aplicación repetida de estas habilidades se convertirán en algo natural para ti.

Ten en cuenta que el lenguaje corporal es una parte importante de la escucha activa. Puedes ser perfectamente capaz de escuchar activamente tumbado de espaldas en una cama con los ojos cerrados, pero eso no convencerá al interlocutor de que estás prestando toda tu atención, y puede hacer que sea reticente con su información, o que no se moleste en absoluto.

De cara al orador - Es importante adoptar la actitud física correcta. Estar encorvado en una silla orientada hacia una ventana mientras el orador está situado a un lado de ti no crea la impresión correcta. Debes estar sentado con la espalda recta, con el cuerpo de cara al orador y ligeramente inclinado hacia delante para mostrar tu interés mediante un lenguaje corporal positivo.

Mantener el contacto visual - Esto no significa no parpadear nunca ni apartar la mirada. Tiene que haber un grado de contacto visual cómodo y reconfortante cuando dos personas se comunican. Cuando se interrumpe el contacto visual, no debe ser para interesarse por alguien o por otra cosa. Es bastante obvio cuando esto ocurre. No hay una fórmula mágica para saber cuándo romper el contacto visual, durante cuánto tiempo y hacia dónde mirar. Sólo recuerda que el contacto visual se regirá en gran medida por el interés genuino que tengas en lo que diga el interlocutor. Si no tienes interés, o no te concentras con una escucha activa, puedes estar seguro de que tu nivel de contacto visual te delatará.

Evaluar la emoción, no sólo las palabras - La escucha activa también implica analizar activamente el lenguaje corporal, el tono de voz y las expresiones faciales del orador. Muy a menudo, las palabras por sí solas son una mala guía de cómo se siente una persona. A veces se contradicen directamente. Para que la comunicación sea eficaz, debe ser honesta, por lo que el objetivo de la escucha activa es descifrar la verdad de una situación, Aunque el interlocutor se dirija a ti, no des por sentado que te hablará directamente. Es posible que quiera que mires su lenguaje corporal detrás de las palabras, porque puede necesitar que le saques la verdad si es demasiado dolorosa para expresarla sin más.

Minimiza las distracciones externas - Intentar hablar o escuchar cuando hay distracciones a tu alrededor es difícil. Tienes que apagar el televisor, apagar la radio, dejar de leer, dejar de escribir y limitarte a prestar atención. El orador también debe dejar de realizar cualquier actividad que le distraiga.

Responde adecuadamente - Si te interesas de verdad y escuchas, esto debería bastar. Sin embargo, ten en cuenta que algunas personas son menos animadas que otras, y si tú eres así, puede que quieras intercalar algunos asentimientos o reconocimientos verbales. Puede ser útil decir que comprendes u ofrecer otros estímulos verbales de vez en cuando. Sin embargo, ten cuidado de no exagerar. Decir "guau", "¿de verdad?" y "fascinante" cada pocos segundos puede distraer por sí mismo, o puede parecer falso, como si te ciñeras a alguna fórmula que hayas leído en un libro. También puedes hacer preguntas, siempre que no interrumpan el flujo de pensamientos del orador.

Concéntrate en el orador - Esto significa luchar contra la tentación de preparar lo que vas a decir mientras él está hablando. Puede ser difícil resistirse a ello, sobre todo cuando el orador dice algo que despierta en nosotros una respuesta útil que temamos haber olvidado para cuando termine de hablar. Si quieres recordar un punto que han dicho, intenta recordar sólo una palabra desencadenante que te ayude, en lugar de elaborar toda la respuesta en tu cabeza por adelantado. Recuerda que la conversación suele seguir un flujo lógico una vez que el orador ha terminado, por lo que no debería ser necesario hacer nada más que escuchar.

Minimiza las distracciones internas - Si te das cuenta de que tu propio cerebro está parloteando cuando se supone que estás escuchando, intenta volver a centrar tus pensamientos en el orador, y sigue haciéndolo tan a menudo como sea necesario. Tu capacidad para hacerlo mejorará con la práctica. Puede ayudarte comportarte como si tu vida dependiera de lo que tiene que decir, o puedes intentar repetir sus palabras mentalmente mientras las dice.

Ten un interés sincero - Las dos habilidades anteriores serán más fáciles de dominar si estás realmente interesado en lo que el orador tiene que decir. Como ya se ha mencionado, el desinterés es una gran barrera para la escucha activa, y conjurar el interés puede no ser fácil.

Sentir simpatía, sentir empatía - Esto te permitirá interesarte más. Puedes empatizar recordando un momento en el que tus emociones estuvieran a la altura de las del interlocutor. Si no puedes recordar tal ocasión, puedes simpatizar mediante la aceptación - aceptando que es un ser humano que requiere comprensión.

Mantén la mente abierta: no prejuzgues al orador. Aunque empiece con un comentario que te moleste, espera a que termine antes de tomar cualquier decisión. Algunas personas no se expresan demasiado bien y pueden no querer decir exactamente lo que dicen. Los comentarios que hacen posteriormente dan una perspectiva diferente a sus comentarios iniciales. La clave es ser paciente y esperar. No des por sentado ni permitas que las ideas preconcebidas arruinen la comunicación. En el momento en que la gente empieza a estar en desacuerdo, más difícil resulta para ambas partes escuchar activamente.

Evita las historias "yo" - Estas ocurren cuando un orador dice algo que desencadena un recuerdo de algo similar en tu propia experiencia. Entonces esperas a que se calle para poder compartirlo. Esto puede ser desastroso para la comunicación, porque en cuanto el orador termina su frase, tú te lanzas y tomas el relevo. Las historias de "yo" suelen empezar con "Sí, eso es como yo...".

..." Formulado de esta manera, el oyente ha justificado su interjección al vincular sus circunstancias con las del hablante. Sin embargo, este tipo de historias son poco más que una oportunidad para hablar de tu tema favorito: tú mismo. Además, pueden acabar llevando la conversación tan lejos del tema que se pierda el ímpetu original. Guárdate tus anécdotas para ti, a menos que el interlocutor te pregunte específicamente si has vivido una situación similar porque quiere saber de verdad cómo la has manejado.

No le tengas miedo al silencio - La escucha activa requiere que te tomes tiempo para absorber lo que has oído, analizarlo y luego responder. Comentar al instante puede dar la impresión de que has estado formulando tu respuesta cuando deberías haber estado escuchando. También es posible que intervengas demasiado pronto. Es posible que el orador sólo haya hecho una pausa para aclarar sus ideas antes de volver a hablar, y que necesite ese silencio para pensar. Ten por seguro que si quieren que hables, te lo harán saber. Pueden preguntar: "¿Qué piensas?" o "¿Qué harías tú?".

Practica la inteligencia emocional - Se trata de ser consciente de tus emociones y opiniones. Aunque tus emociones pueden ayudar a la escucha activa creando empatía, también pueden obstaculizar la comunicación si te hacen estar en desacuerdo con el interlocutor. Está claro que esto puede producir resultados negativos si inicias una discusión, pero también puede ser perjudicial incluso si mantienes tu consejo y no dices nada. Tener pensamientos negativos sobre lo que te están diciendo irá en contra de tu capacidad de escuchar activamente, y es casi seguro que se lo transmitirás al interlocutor con tu lenguaje corporal. Puedes combatir este problema siendo más inteligente emocionalmente. Esto significa aceptar que los sentimientos que tienes podrían, si los dejas, afectar a tu capacidad de escucha, y entonces decidir mantenerlos en secreto, al menos hasta que el orador haya dicho todo lo que quería decir.

Toma notas - Aunque esto pueda hacerte parecer un psiquiatra, anotar algunas palabras clave puede ser realmente útil. Esto contrarresta la necesidad de interrumpir por miedo a olvidar, y te proporciona una referencia para cuando el orador haya terminado, de modo que sepas que podrás abordar las cuestiones pertinentes. Algunas personas pueden querer hablar largo y tendido sin interrupciones, y hasta el oyente más atento y activo tendrá entonces dificultades para recordar todos los detalles que quería comentar. Obviamente, esta táctica tiene más relevancia en situaciones formales y de negocios. Puede ser una política preguntar si al orador le importa que garabatees un poco mientras habla, y explicarle el propósito de hacerlo.

Comprueba tu comprensión - Esta es una buena forma de centrar tus pensamientos en la escucha, de demostrar al orador que realmente le estás escuchando, de ayudar a aclarar las ideas del oyente y de asegurarte de que realmente lo entiendes. Se trata de hacer preguntas de aclaración cuando sea oportuno, y puede implicar volver a decir parte de lo que has oído. Puedes empezar con: "Así que estoy en lo cierto al pensar..." o "Déjame que te aclare..." o "Así que estás diciendo..."

Despeja tu mente - Piensa que escuchar es una forma de meditación. Tienes que despejar tu mente de todo lo demás, para poder concentrarte por completo en lo que la otra persona está diciendo. Asegúrate de que tu teléfono está apagado o alejado de ti. Si estás en tu escritorio, apaga el monitor o gira la silla para no distraerte con la pantalla. Intenta concentrarte totalmente en la otra persona, apartando los pensamientos sobre la próxima reunión a la que tienes que ir o un plazo inminente.

Cuando tienes una conversación con alguien, no vas a captar los matices de la conversación si estás haciendo demasiadas cosas. Si alguien coge el teléfono, deja tu correo electrónico, deja lo que estás haciendo, escucha y mantén esa conversación con la persona y luego sigue adelante. Intento estar presente para poder disfrutar de la riqueza y la calidad de las interacciones con la gente. La mayoría de la gente no puede realizar varias tareas a la vez sin perder algo en cada una de ellas.

Demuestra que estás escuchando - En 1957, dos psicólogos estadounidenses, Carl Rogers y Richard Farson, acuñaron el término "escucha activa" en un artículo del mismo nombre. Quizá sea discutible si añadir la palabra "activa" es simplemente redundante. Al fin y al cabo, si la escucha activa es un tipo particular de escucha, entonces por definición existe otro tipo llamado "escucha pasiva". ¿Y es eso realmente escuchar si estás hablando con alguien?

Sin embargo, la frase ha perdurado durante más de 70 años como una abreviatura popular de la idea de que puedes y debes hacer un esfuerzo adicional para mostrar a la gente que les estás escuchando, en lugar de quedarte quieto. Y eso ocurre con el lenguaje corporal, ya sea inclinando la cabeza o arqueando una ceja en el momento adecuado. Todas estas señales ayudan a mostrar a la otra persona que la estás escuchando.

Utiliza el lenguaje corporal - Mostrar que estás escuchando no es un impulso natural para todo el mundo. Por ejemplo, cuando estás en una reunión legal o de negocios, no animas a la gente. Finges que no te importa. Es casi como comprar una casa. Te sientas con los brazos cruzados y finges que no estás emocionado. Y podría ser la mejor idea del mundo, pero no quieres mostrar tu mano. Pero una reunión creativa es diferente. Si alguien viene con su idea creativa, está desnudando su alma creativa. Y si te sientas allí con los brazos cruzados y no dices nada, no te la van a dar.

Y el asentimiento es cuando te inclinas y asientes con la cabeza y sigues asintiendo cuando alguien está lanzando una idea. De este modo, se entusiasman cada vez más con el lanzamiento y te dan su mejor trabajo.

La lección: Utiliza el lenguaje corporal para añadir energía a la conversación. Aunque estés escuchando atentamente, tienes que mostrar a la gente que les estás escuchando.

Escuchar para aprender - ¿Quizás hayas oído el dicho "es mejor estar interesado que ser interesante"? Esa idea puede parecer totalmente contraria en esta época de selfies y publicaciones en las redes sociales sobre todas las cosas fascinantes que hacemos en nuestra vida (y que suponemos que otras personas querrán conocer). Pero, ¿por qué no pensar en la escucha como un billete para una educación gratuita? Todo lo que tienes que hacer es asumir que todas las personas que conoces han aprendido una o dos cosas en sus vidas, y que puedes desenterrar esas ideas con una combinación de interés genuino y algunas preguntas abiertas. Algunas opciones:

¿Qué te ha sorprendido de ello?

¿Cuál ha sido el mayor momento de memorización a uno mismo?

¿Por qué te interesó?

¿Qué es lo que más te ha gustado?

He aquí otra forma de pensar en ello: ¿Y si tu vida cotidiana fuera un podcast y tu trabajo fuera entrevistar a la gente?

Si eres ambicioso, este enfoque de aprender de todos los que conozcas es más una necesidad que un bien. Reid Hoffman, el multimillonario capitalista de riesgo y cofundador de LinkedIn, que hizo apuestas premonitorias en empresas como AirBnB y Facebook, dijo que la cualidad más importante que busca en los aspirantes a empresarios es una "curva de aprendizaje infinita".

"La mayoría de las veces, las empresas en las que invierto están abriendo nuevos caminos y creando una nueva área", me dijo el Sr. Hoffman en una entrevista. "Tienes que tener la sensación de: '¿Cómo voy a aprender una nueva área? Así que busco la capacidad de estar aprendiendo constantemente, y rápido".

Si muestras interés y energía, la gente responderá y compartirá lo que sabe y cómo lo ha aprendido. Es una educación rápida y gratuita, y además construirás relaciones. Esto puede parecer una afirmación obvia, pero sorprendentemente poca gente actúa en consecuencia.

Sin juicios ni agendas - Escuchar, bien hecho, es un acto de empatía. Intentas ver el mundo a través de los ojos de otra persona y comprender sus emociones. Eso no va a ocurrir si estás juzgando a la otra persona mientras habla. Entorpecerá la conversación, porque estarás enviando todo tipo de señales sutiles no verbales de que tienes una opinión sobre lo que está diciendo. Si entras en la conversación con el objetivo principal de comprender su perspectiva, sin juzgarla, la gente se abrirá a ti, porque sentirá que puede confiar en que respetarás lo que está diciendo.

Así que el primer paso es escuchar sin juzgar. Y cuando hables, sé sincero contigo mismo sobre lo que realmente te motiva a decir lo que vas a decir.

Esto no quiere decir que no debas contribuir a la conversación. Sólo es un buen recordatorio para ser consciente de por qué estás hablando. ¿Se trata de la otra persona, para demostrarle que comprendes lo que dice, porque quizá has tenido una experiencia similar? ¿O hay un subtexto de necesidad de presumir un poco? Es una regla especialmente buena que debe tener en cuenta cualquier persona que ocupe un puesto de dirección o liderazgo, porque cualquier cosa que digas puede desbordar rápidamente una discusión y hacer que la gente se cierre. Pero también es válida para todo el mundo.

"No puedes tener una agenda", me dijo Joel Peterson, presidente de JetBlue Airways y fundador de Peterson Partners, una empresa de inversiones. "Cuando tienes tu propia agenda al escuchar a alguien, lo que haces es formular tu respuesta en lugar de procesar lo que la otra persona está diciendo. Tienes que estar realmente en casa contigo mismo. Si tienes la necesidad de presumir o de que te escuchen o lo que sea, entonces eso abruma el proceso. Si tienes los pies en la tierra y te sientes a gusto contigo mismo, puedes meterte en el mundo de la otra persona, y creo que eso genera confianza".

LOS CUATRO COMPONENTES DE LA ESCUCHA ACTIVA

Hay cuatro componentes básicos que permiten que se produzca la escucha activa, y la responsabilidad de éstos recae en el oyente. Son: aceptación, empatía, honestidad y especificidad.

Aceptación

La aceptación consiste en tener respeto por la persona con la que hablas, no en

en base a lo que tienen que decir, sino en base al simple hecho de que son seres humanos que tienen derecho a expresar sus pensamientos. Esta aceptación debe ser lo más incondicional posible, con la salvedad de que puede haber casos en los que las creencias u opiniones expresadas sean tan anatema para la legalidad y la moral que haya que retirar la aceptación.

Aceptar significa intentar evitar expresar el acuerdo o el desacuerdo con lo que dice la otra persona, al menos inicialmente. Esto anima a la otra persona a estar menos a la defensiva y más abierta a seguir explorando su situación y a revelar más de sí misma.

Empatía

Esto suele interpretarse como la capacidad del oyente de comprender la situación del hablante a nivel emocional, basándose en el propio marco de referencia del oyente y no en un sentido de lo que debería sentir, que es la simpatía, no la empatía.

En otras palabras, para empatizar con el interlocutor, debes saber cómo se siente porque has experimentado los mismos sentimientos o muy similares

a ti mismo. Por ejemplo, no puedes sentir empatía con una persona afligida si no has experimentado una pérdida similar de un ser querido.

La empatía también puede definirse como el deseo del oyente de sentir las emociones del orador, independientemente de su propia experiencia, pero esto no llega realmente al meollo de la cuestión. La verdadera empatía es algo raro y maravilloso, y requiere que haya una auténtica reacción emocional en el oyente basada en su experiencia personal.

***

La empatía es el poder de proyectarse en la personalidad de otro individuo para comprender mejor sus emociones o sentimientos. Con la escucha empática, el oyente hace saber al interlocutor: "Comprendo tu problema y cómo te sientes al respecto, me interesa lo que dices y no te juzgo".

El oyente comunica inequívocamente este mensaje mediante palabras y acciones no verbales, incluido el lenguaje corporal. Al hacerlo, el oyente anima al hablante a expresarse totalmente sin interrupciones, sin críticas y sin que le digan lo que tiene que hacer.

No es aconsejable ni necesario que una persona esté de acuerdo con el interlocutor, aunque se le pida que lo haga. En general, basta con hacer saber al interlocutor: "Te entiendo y me interesa ser un recurso para ayudarte a resolver este asunto".

Debería ser evidente que la escucha empática es una habilidad fundamental que reforzará la eficacia interpersonal de las personas en numerosos aspectos de su vida profesional y personal. Mediante el uso de la escucha hábil, estas personas pueden controlar la escucha por su:

1. La disposición a dejar que las otras partes dominen la discusión,

2. Prestar atención a lo que se dice,

3. Preocuparse por no interrumpir

4. Uso de preguntas abiertas,

5. Sensibilidad a las emociones que se expresan

6. Capacidad de reflejar al otro individuo, la sustancia y los sentimientos que se expresan

Cuando escuchas bien

   1. Reconoce al orador

   2. Aumentar la autoestima y la confianza en sí mismo del orador

   3. Dile al interlocutor: "eres importante" y "no te estoy juzgando".

   4. Conseguir la colaboración del interlocutor

   5. Disminuye la tensión y el estrés

6. Establecer el trabajo en equipo

7. Adquirir confianza

8. Provocar la apertura

9. Adquirir un intercambio de ideas y pensamientos

10. Obtén más información válida sobre el individuo y el problema.

Honestidad

Esto se explica por sí mismo. Se refiere a la apertura, la franqueza y la autenticidad por parte del oyente. Esto significa que el oyente es abierto en cuanto a sus reacciones ante lo que ha escuchado. Esto debe venir necesariamente después del componente de aceptación, y una vez que el orador haya divulgado todo lo que va a hacer. Las reacciones sinceras que se dan demasiado pronto pueden ahogar fácilmente la elucidación posterior por parte del orador.

El objetivo es que la franqueza por parte del oyente evoca la franqueza en el interlocutor. Cuando una persona sale de su fachada, es más probable que la otra haga lo mismo.

Específicos

Esto se refiere a la necesidad de tratar los detalles en lugar de las generalidades.

A menudo, una persona que tiene un problema evitará los sentimientos dolorosos siendo abstracta o impersonal. Puede hablar de situaciones generales que experimentan "otras personas", sin implicarse directamente ni sugerir que le afectan de algún modo. Por tanto, para que la comunicación valga la pena, el oyente debe pedir que el hablante sea más específico. Esto puede requerir un reto directo al orador para que se abra a nivel personal y se "apropie" del problema que está eludiendo. Evidentemente, esto puede funcionar en dos sentidos.

Para que estos cuatro componentes funcionen eficazmente, deben ser claramente evidentes en el oyente. Mientras que algunas personas pueden hablar abiertamente con la vana e infundada esperanza de que su oyente responda correctamente, otras exigirán señales directas de que sus palabras serán recibidas como ellas desean. Se trata de una petición decididamente difícil, sobre todo en un entorno empresarial en el que las dos personas pueden ser gerente y empleado y tienen poco conocimiento de cómo suele comportarse la otra persona. En este caso, tiene más que ver con la evaluación intuitiva del hablante sobre el oyente que con la capacidad de éste para crear la persona perfecta para escuchar.

Escucha reflexiva

La escucha reflexiva se refiere al último punto mencionado anteriormente, y merece un capítulo aparte porque se refiere a la forma en que el oyente se enfrenta a lo que ha escuchado. Esto es lo que hace o rompe el arte de la comunicación.

Los cuatro componentes de la escucha activa -aceptación, empatía, honestidad y especificidad- trabajan para crear respuestas reflexivas en el oyente.

Los principales principios de la escucha reflexiva son

- Escucha más de lo que hablas.

- Trata con detalles personales, no con generalidades impersonales.

- Descifra los sentimientos que se esconden detrás de las palabras, para crear una mejor comprensión de los temas.

- Repite y aclara lo que has oído.

- Comprende el marco de referencia del interlocutor y evita responder desde tu propio marco de referencia. (Por marco de referencia se entiende el punto de vista que una persona tiene sobre un tema basándose en su propia experiencia subjetiva del mismo).

- Responde con aceptación y empatía, no con frialdad ni con falsa preocupación.

Tratar los aspectos personales significa que el oyente opta por explorar los efectos en el interlocutor. Si a alguien le preocupa estar a punto de perder su puesto de trabajo, hay que centrarse en primer lugar en los temores de esa persona, no en la situación actual del mercado laboral. Sin duda, el interlocutor ya habrá investigado los hechos, las cifras y las probabilidades, y habrá oído cientos de veces a personas bienintencionadas que su puesto de trabajo no puede perderse. Lo que se necesita en este caso, y lo que proporciona la escucha reflexiva, es la oportunidad de dejar que la persona afectada exprese sus temores a otro ser humano. Éste suele ser el principal motivo para hablar.

Cuando el oyente responde a nivel personal, la conversación se mantiene en el nivel que pretendía el hablante. Esto le permite seguir explorando sus sentimientos, mejorar su comprensión de la situación y, tal vez, alcanzar una actitud más saludable. No tiene sentido que el oyente diga "No te preocupes, estoy seguro de que no pasará".

Se trata de una perogrullada vacía que revela que el oyente no ha captado ni un poco la razón por la que el interlocutor se ha abierto. Decirle a una persona preocupada que no se preocupe equivale a terminar la conversación allí mismo. No tiene en cuenta el verdadero problema, que es la reacción emocional del interlocutor ante la situación. Esto es especialmente perjudicial cuando ha sido un paso tan grande revelar esas emociones en primer lugar.

La escucha reflexiva tiene que ver con la respuesta, que es la base de toda comunicación eficaz. No se trata de llevar al hablante en una dirección elegida por el oyente porque éste cree que es la mejor forma de actuar según su propio marco de referencia. El oyente receptivo aborda los asuntos que el orador está tratando en ese momento.

Sin embargo, el oyente reflexivo debe evaluar no sólo las palabras pronunciadas, sino todo lo que el orador está transmitiendo a través de su lenguaje corporal, su tono de voz y sus expresiones faciales. Todo ello proporcionará la mejor interpretación del verdadero estado emocional del orador. Cuando una persona se siente comprendida a nivel emocional, ése es el momento en que se siente verdaderamente comprendida.

Recuerda siempre que la emoción que lees en la expresión de una persona puede estar en total desacuerdo con el contenido de su mensaje hablado. El contenido se refiere a las ideas, razones, teorías, suposiciones y descripciones que expresa verbalmente el hablante. Como muchas personas no expresan sus emociones explícitamente dentro de ese contenido, el oyente tendrá que responder al tono emocional implícito. Un ejemplo sencillo sería que preguntaras cómo le va a un amigo, y éste respondiera en tono monótono y con dolor en los ojos "Me va muy bien". ¿Qué mensaje tomarías como real?

El oyente reflexivo respondería a la evidente tristeza y angustia de su amigo. Esta es una habilidad crucial que hay que dominar: la capacidad y la voluntad de enfrentarse a las emociones negativas y tratarlas de forma constructiva. Esto puede implicar al oyente en una larga conversación, donde un simple "¡No te preocupes!" no lo haría. Sin embargo, si no se afrontan esas emociones negativas subyacentes, aunque la escucha inicial se haya realizado de forma activa, puede arruinarse por la falta de reflexión.

Esto no significa que haya que hacer suposiciones; se trata de responder desde tu propio marco de referencia. Sabes que la última vez que parecía tan miserable, había ocurrido algo terrible, así que asumes que ese debe ser el caso ahora. Es posible que el amigo en cuestión se encuentre muy bien; puede que sólo se haya dado un golpe en el tobillo y le duela un poco en ese preciso momento. La única forma de establecer la verdad sería responder con un reto suave: "¿Seguro que te encuentras bien? Parece que estás sufriendo".

TRAMPAS A EVITAR

Repetición en las respuestas: utilizar constantemente la misma respuesta puede dar la impresión de que estás en piloto automático. También debes evitar que tus respuestas sean afirmaciones, como "Dices..." o "Te sientes...". Es mejor responder con preguntas.

Fingir que se entiende - Es muy posible que al escuchar a una persona emocional te pierdas un poco. Las emociones pueden confundir nuestros pensamientos y palabras. Si te pierdes, habla y pide una aclaración, o puedes pasar mucho tiempo operando en la ignorancia o con una idea equivocada.

Intentar demasiado - Por mucho que quieras ayudar, y sientas que has entendido todos los matices del asunto, resiste la tentación de ofrecer explicaciones que vayan más allá de tu base de conocimientos o de los hechos definitivamente conocidos. Los psicólogos aficionados abundan.

No te esfuerzas lo suficiente - Asegúrate de calibrar lo mejor posible las emociones del orador. Pasar por alto las emociones clave o desvalorizarlas puede hacer que el orador se cierre en señal de frustración.

Divagar - Mantén tus respuestas cortas. Recuerda que debes escuchar más que hablar. No confundas la palabrería con la ayuda.

Pasar por alto los mensajes no verbales - Este es un gran error, por las razones ya expuestas.

Otras sugerencias sobre cómo escuchar de forma más receptiva

Como norma general, no te limites a repetir las palabras exactas de otra persona. Resume su experiencia con tus propias palabras. Pero en los casos en que las personas gritan o vociferan algo, a veces puedes repetir algunas de sus palabras exactas en un tono de voz tranquilo para hacerle saber que lo has oído tal y como lo ha dicho.

Si la emoción no está clara, haz una suposición tentativa, como en "Parece que tal vez estabas un poco descontento por todo eso..." El hablante suele corregir tu suposición si es necesario corregirla.

Escuchar es un arte y hay muy pocas reglas fijas. Presta atención a si la persona que habla acepta tu resumen diciendo cosas como "¡sí!", "lo has entendido", "así es" y respuestas similares.

Si puedes identificarte con lo que la otra persona está experimentando, entonces, en tu tono de voz (mientras resumes lo que otra persona está viviendo), expresa un poco del sentimiento que tu interlocutor está expresando. (Los resúmenes emocionalmente planos se sienten extraños y distantes).

Esa escucha compasiva es un poderoso recurso para navegar por la vida, y también nos exige mucho como oyentes. Puede que tengamos que aprender a mantener nuestro propio terreno mientras reafirmamos la posición de otra persona. Eso requiere práctica. También tenemos que ser capaces de escuchar las críticas o quejas de la gente sin desorientarnos o perder totalmente nuestro sentido de la autoestima. Eso requiere cultivar un sentido más profundo de la autoestima, lo cual no es un proyecto pequeño. A pesar de estas dificultades, los resultados de la escucha compasiva y receptiva han sido tan gratificantes en mi vida que he descubierto que merece la pena todo el esfuerzo que requiere.

Consejos para una escucha empática

Al utilizar métodos de escucha empática, podrás escuchar mucho más que lo que una persona está diciendo. De hecho, podrás "oír" si un individuo está ocultando algo o si simplemente está compensando algo.

Al utilizar métodos de escucha empática, podrás escuchar mucho más que lo que una persona está diciendo. De hecho, podrás "oír" si un individuo está ocultando algo o si simplemente está compensando algo.

Técnica de escucha empática nº 1: Permitir que los demás dominen

En general, te sientes un poco desanimado cuando te pierdes en una conversación. Te angustias cuando te ves incapaz de compartir tu opinión sobre algo. Sin embargo, permitir que otras personas dirijan la conversación es, en realidad, algo estupendo.

Al fin y al cabo, no estás allí para hablar de ti mismo, sino para escuchar con el oído de tu corazón. Cuanto menos te centres en ti mismo, más podrás escuchar con claridad. En las relaciones, tienes que dar a la otra persona más oportunidades de hablar. Recuerda: no se trata sólo de ti.

Técnica de escucha empática nº 2: Hacer preguntas

Hacer preguntas es una parte importante de la buena comunicación. Cuando la conversación llega a un callejón sin salida, puedes orientar la dirección para ayudar a la otra persona a comprender un poco más sus sentimientos. Haz preguntas abiertas como cómo, qué, por qué, cuándo y dónde. También puedes hacer preguntas reflexivas. ¿Cómo funcionan las preguntas reflexivas? Por ejemplo, tu amigo admite que ya no confía en sus compañeros de trabajo.

En este caso, repites su declaración y le empujas suavemente a reflexionar sobre ella. Puedes decir algo como: "Has dicho que no confías en tus compañeros de trabajo. ¿Puedo preguntarte por qué?" Devolverle sus propias palabras le permite conectar realmente con sus propios pensamientos y sentimientos; y como resultado, te permite a ti también tener una mejor visión de él.

Esto es muy importante, especialmente cuando estás entreteniendo a un cliente. Hacer preguntas podría llevar a respuestas que el cliente podría haber olvidado compartir.

Técnica de escucha empática nº 3: Reflexionar después de todo

Una vez que el individuo ha dicho todo lo que tenía que decir, ahora te toca a ti hablar de cómo te pareció su problema o sus cuestiones. Al ofrecer tu propia visión de la situación, estás abriendo la conversación para un debate más profundo.

Esto también anima al individuo a mirarse a sí mismo con otros ojos. Tanto si se trata de una situación personal como profesional, la reflexión es siempre una buena manera de terminar las cosas. Los métodos de escucha empática son extremadamente significativos. No subestimes el poder de la escucha.

Escuchar activamente a tu hijo

Comunicarse con nuestros hijos puede ser una tarea difícil a veces. Sentimos que no nos escuchan; ellos sienten que no les escuchamos. Una buena capacidad de escucha y comunicación es esencial para el éxito de la crianza. Los sentimientos, los puntos de vista y las opiniones de tu hijo tienen valor, y debes asegurarte de que te tomas el tiempo necesario para sentarte y escuchar abiertamente y discutirlos con sinceridad.

Parece que es una tendencia natural reaccionar en lugar de responder. Juzgamos basándonos en nuestros propios sentimientos y experiencias. Sin embargo, responder significa ser receptivo a los sentimientos y emociones de nuestro hijo y permitirle que se exprese abierta y honestamente sin temor a las repercusiones de nuestra parte. Al reaccionar, enviamos a nuestro hijo el mensaje de que sus sentimientos y opiniones no son válidos. Pero al responder y hacer preguntas sobre por qué el niño se siente así, se abre un diálogo que le permite discutir sus sentimientos más a fondo, y te permite comprender mejor de dónde viene. Responder también te da la oportunidad de elaborar con tu hijo una solución o un plan de acción que quizá no se le habría ocurrido por sí mismo. Tu hijo también apreciará el hecho de que quizá sí comprendas cómo se siente.

En estas situaciones, es fundamental que prestes a tu hijo toda tu atención. Deja el periódico, deja de fregar los platos o apaga la televisión para poder escuchar toda la situación y establecer contacto visual con tu hijo. Mantén la calma, sé inquisitivo y ofrece después posibles soluciones al problema.

No desanimes a tu hijo por sentirse molesto, enfadado o frustrado. Nuestro instinto inicial puede ser decir o hacer algo para alejar a nuestro hijo de ello, pero esto puede ser una táctica perjudicial. Una vez más, escucha a tu hijo, hazle preguntas para averiguar por qué se siente así, y luego ofrécele posibles soluciones para aliviar el malestar.

Al igual que nosotros, nuestros hijos tienen sentimientos y experimentan situaciones difíciles. Escuchar activamente y participar con nuestro hijo cuando habla de ello, le demuestra que nos importa, que queremos ayudar y que tenemos experiencias propias similares en las que puede inspirarse. Recuerda, responde, no reacciones.

CONSEGUIR QUE TUS HIJOS TE HABLEN

Ser padre no es fácil. Algunos días, el mero hecho de reunir a todos los miembros de tu familia a la misma hora para cenar puede parecer un "sueño imposible". Entre los deportes extraescolares y los clubes y el trabajo y los recados y los viajes en coche compartido, no es de extrañar que casi la mitad de los padres de una encuesta reciente dijeran que sienten una distancia cada vez mayor entre ellos y sus hijos.

Los niños de hoy tienen que enfrentarse a más cosas que los de hace veinte años. Las drogas, la violencia, los mensajes contradictorios de la publicidad, la presión de los compañeros, los horarios repletos y las actividades externas se suman a la presión a la que se enfrentan.

Entonces, ¿cómo, en medio de todo este caos, encuentras tiempo para hablar con tus hijos y, lo que es más importante, para que ellos te respondan?

***

Aquí tienes varias ideas que pueden ayudarte:

1. Cena en familia al menos tres veces por semana. Las conversaciones fluyen más fácilmente cuando se producen alrededor de la mesa. Si tu familia tiene problemas de conversación al principio, piensa en temas de conversación antes de cada comida. Planifica unas vacaciones familiares, dejando que cada niño hable de dónde le gustaría ir o qué le gustaría hacer. Habla de los acontecimientos actuales, las últimas películas o los próximos eventos especiales. Haz a tus hijos preguntas abiertas a las que haya que responder con algo más que un sí o un no.

2. Apaga el mundo exterior. Reserva un "tiempo de familia" cada noche y haz que todos apaguen sus teléfonos, los ordenadores y la televisión. Haz saber a tus amigos y familiares que no estarás disponible durante ese tiempo, y cúmplelo. Puede que tus hijos (especialmente los adolescentes) se burlen de ello, pero en secreto probablemente estarán encantados. Aprovecha este tiempo para reconectar con los demás. Ved una película, jugad a juegos de mesa, turnaros para leer en voz alta, pero hagáis lo que hagáis, hacedlo juntos.

3. Cocinad juntos al menos una comida a la semana. Incluso tus hijos más pequeños pueden hacer algo para ayudar. Si tu cocina es demasiado pequeña para que quepan todos, programa un "ayudante" o haz que tus hijos se encarguen de distintas partes de la comida. Tu familia se unirá más durante este tiempo, y tus hijos pueden incluso iniciar las conversaciones por sí mismos. (Siempre puedes poner en marcha el asunto hablando de las cosas que hacías con tus padres. Aunque tú no seas genial, lo más probable es que tus hijos piensen que tus padres lo son, y quedarán impresionados).

4. Haz que tus hijos se sientan seguros al hablar contigo. Hazles saber que no te enfadarás ni te molestarás si te hablan de lo que ocurre. Si te cuentan algo "extraoficial", deja que siga siendo así. (Aparte de las emergencias y las situaciones de peligro).

5. Escucha lo que tienen que decir. Si estás trabajando o haciendo otra cosa cuando tu hijo empieza a hablarte, puede desistir si sabe que tu atención está en otro sitio. Préstale toda tu atención cuando te hable.

6. Utiliza la capacidad de escucha activa. Asegúrate de que comprendes lo que te dice tu hijo. Repite lo que te ha dicho y haz preguntas.

7. Reserva un tiempo especial para pasar con cada niño. Puede que no sea más que llevar a un niño a la vez contigo cuando haces recados, pero haz que cada niño sepa que valoras pasar un tiempo especial con él.

8. Ten paciencia. No esperes una familia "perfecta". Si no eres June Cleaver y tu marido no es Howard Cunningham, no pasa nada. Sólo

recuerda que las familias perfectas no existen realmente fuera de las reposiciones televisivas.

Sigue intentándolo y aprenderás que el arte de la conversación con tus hijos no es tan difícil como pensabas.

CÓMO ESCUCHAR REALMENTE A TU HIJO

Participar en la escucha activa

Es importante mostrar a tu hijo que le escuchas para que se sienta escuchado:

Deja el teléfono y establece contacto visual.

Toma la conversación con calma, dejando que las palabras de tu hijo se asimilen.

Ofrece lo que se llama una "declaración de reflexión". Repite exactamente lo que ha dicho tu hijo sin tergiversar ni intentar interpretar sus palabras. Esto demuestra que estás prestando atención.

Intenta no restar importancia a las preocupaciones de tu hijo. En lugar de decir: "Oh, lo harás bien en ese examen", di: "Pareces estresado por el examen. Las matemáticas son muy difíciles. ¿Qué puedo hacer para ayudarte?"

Sobre todo, no juzgues. "Si reflejas lo que oyes, no significa necesariamente que estés de acuerdo o que te guste". "Tratas de desarrollar un sentido de empatía para que tu hijo pueda irse sabiendo: 'Mi padre entendió de dónde vengo'".

Ser un oyente activo no significa que no puedas hablar tú, pero ser paciente y estar presente muestra a tu hijo que realmente te importa lo que tiene que decir.

Presta atención a la comunicación no verbal

Incluso cuando los niños no quieren hablar, los padres pueden seguir "escuchando". Presta atención a estos tipos de comunicación no verbal:

- Retraimiento, como esconderse en su habitación o evitar las actividades que suelen disfrutar

- Lágrimas, mal humor extremo u otros cambios de actitud

- Quejarse de dolores de estómago o de cabeza constantes, sin una causa médica conocida

No obligues a tu hijo a hablar

¿Cómo atraer a los niños que no quieren hablar? En primer lugar, "no intentes forzarles a hablar contigo. Eso puede ser contraproducente y hacer que se resistan aún más. En su lugar, utiliza otras formas de hacer que se abran", dice Baumstein. Quizá haya otro adulto de confianza -un entrenador o un profesor- al que puedas sugerir que acuda. Recuérdales que hay muchas formas de expresar las emociones, como dibujar, bailar, escribir canciones o llevar un diario. Coloca una lista de diferentes habilidades de afrontamiento donde tu hijo pueda verla.

"Siempre animo a los padres a que digan: 'Cuando estés preparado para hablar, estoy aquí. Por supuesto, si hay un problema de seguridad, es importante que lo sepamos'", dice la terapeuta licenciada Kathleen Hill. Dejando que tu hijo sepa que estás ahí y siendo un oyente activo cuando quiera hablar, abrirás la puerta a la siguiente conversación difícil.

Ofrecer ayuda

Si tu hijo está abierto y dispuesto a hablar, lo mejor es pedirle permiso antes de compartir sus ideas. Preguntar cosas como: "¿Sería útil que compartiera algunas de mis ideas para ayudar con esto?" permite a tu hijo decidir si le gustaría trabajar contigo para ayudar a resolver el problema.

Al mismo tiempo, preguntarle a tu hijo cómo puedes ayudarle es una forma estupenda de fomentar su independencia al tiempo que le apoyas. Es importante recordar que una vez que tu hijo comparta una idea de cómo puedes ser útil, debes respetar sus deseos. Intenta no reaccionar de forma exagerada, y trata de no sobrepasar los límites que ha compartido. Sin embargo, si tu hijo corre un riesgo de seguridad, hazle saber que tienes que tomar medidas para mantenerlo a salvo.

Cómo conseguir que tu hijo te escuche

Los niños tienen muchas cosas en la cabeza, desde el examen de historia hasta las pruebas de fútbol o el último juego de ordenador. Los padres pueden estar muy abajo en su lista. Por no mencionar que, cuando el cerebro se está reconstruyendo a los seis años, y de nuevo a los doce, los niños suelen sentirse abrumados por los estímulos externos y te desconectan. Incluso los niños pequeños están muy ocupados, ya que su trabajo consiste en explorar (es decir, destrozar tu casa).

Así que los niños tienen otras cosas en las que pensar. También tienen otras prioridades, y no entienden en absoluto por qué es tan importante bañarse en este momento.

Por supuesto, los padres que me preguntan cómo conseguir que su hijo escuche no están hablando realmente de escuchar. Hablan de cómo conseguir que su hijo asimile lo que le dicen... ¡y actúe! Y sí, hay algunos trucos para que eso sea más probable. He aquí cómo.

***

1. No empieces a hablar hasta que tengas la atención de tu hijo.

Conéctate ANTES de empezar a hablar. Eso significa que no puedes ladrar órdenes desde el otro lado de la habitación y esperar que te entiendan.

En su lugar, acércate. Ponte a la altura de tu hijo y tócale ligeramente. Observa lo que está haciendo y conecta con él haciendo un comentario al respecto: "¡Vaya, mira cómo va ese tren!" Las investigaciones cerebrales han descubierto que cuando nos sentimos conectados con otra persona, estamos más abiertos a su influencia, así que al conectar primero, estás facilitando que te escuche. Pero no estás manipulando, sino reconociendo y respetando lo que es importante para él.

Espera a que levante la vista. Míralo a los ojos. Entonces empieza a hablar. Si no levanta la vista, asegúrate de que tienes su atención preguntando "¿Puedo decirte algo?". Cuando levante la vista, empieza a hablar.

(No te sorprendas cuando tu hijo empiece a utilizar esta técnica para llamar tu atención antes de contarte algo. Y si quieres que siga escuchando, tendrás que devolverle la atención)

2. No te repitas.

Si has preguntado una vez y no has obtenido respuesta, no te limites a repetirlo. No tienes la atención de tu hijo. Vuelve al primer paso, arriba.

3. Utiliza menos palabras.

La mayoría de nosotros diluimos nuestro mensaje y perdemos la atención de nuestro hijo al utilizar demasiadas palabras. Utiliza el menor número de palabras posible cuando des instrucciones.

4. Míralo desde su punto de vista.

Si estuvieras ocupado en algo que te gusta hacer y tu pareja te ordenara dejar de hacerlo y hacer otra cosa que no fuera prioritaria para ti, ¿cómo te sentirías? ¿Podrías desconectar a tu pareja? Tu hijo no tiene que compartir tus prioridades, sólo tiene que adaptarse a tus necesidades. Y tú no tienes que compartir sus prioridades, pero te ayudará enormemente si puedes reconocer lo mucho que quiere seguir haciendo lo que está haciendo.

5. Conseguir la cooperación.

Nadie quiere escuchar a alguien que da órdenes; de hecho, siempre estimula la resistencia. Piensa en cómo te sientes cuando alguien te da órdenes. ¿Cooperas con entusiasmo?

En su lugar, mantén un tono cálido. Cuando sea posible, da opciones.

6. Mantén la calma.

Cuando nos enfadamos, los niños se sienten inseguros y entran en lucha o huida. En su esfuerzo por defenderse o contraatacar, se vuelven MENOS eficaces para escuchar y pierden de vista nuestro mensaje. Si tu prioridad es conseguir que todos entren en el coche, no pierdas tiempo y energía sermoneando sobre por qué no te escucharon y se prepararon cuando se lo pediste por primera vez. Eso sólo hará que todos se enfaden más, incluida tú. Respira hondo, ayúdale a encontrar su zapato y ayúdale a él con su mochila. Una vez que estéis en el coche, puedes pedirles que te ayuden a pensar en formas de sacar a todos de casa a tiempo la próxima vez. (Sugerencia: esa conversación será más productiva si te centras en las soluciones, no en la culpa).

7. Establece rutinas.

La mayor parte de la comunicación de los padres con los hijos consiste en regañar. No es de extrañar que los niños no escuchen. ¿La solución? Las rutinas, para que haya menos oportunidades de lucha de poder y menos necesidad de que seas un sargento instructor. Las rutinas no son más que hábitos regulares, como lo que hacen los niños antes de salir de casa (lavarse los dientes, ir al baño, preparar la mochila, ponerse los zapatos, etc.) Si haces fotos de tu hijo haciendo estas tareas y las pones en un pequeño cartel, tu hijo las aprenderá con el tiempo. Haz que se encargue de lo que tiene que hacer. Tendrá una nueva habilidad y tu papel se limitará a hacer preguntas.

8. Escucha.

Si te quedas mirando la pantalla mientras tu hijo te cuenta su día, estás modelando cómo se maneja la comunicación en tu familia. Si realmente quieres que tu hijo te escuche, deja lo que estás haciendo y escucha. Sólo te llevará unos minutos. Empieza a hacerlo cuando sea un niño de preescolar y seguirá estando dispuesto a hablar contigo cuando sea un adolescente. Te alegrarás de haberlo hecho.

9. Vigila la comprensión.

La mayoría de las veces, cuando los niños no "escuchan", simplemente no han sintonizado con nosotros. Pero si tu hijo parece repetidamente incapaz de procesar tus instrucciones, puede tener un trastorno del procesamiento auditivo. Adopta los consejos anteriores y experimenta dando a tu hijo instrucciones de varios pasos. Si te preocupa, consulta con tu pediatra para que te remita a un audiólogo.

10. Reduce tus pedidos a lo que realmente no es negociable.

Si trabajaras para alguien que te acosa constantemente con órdenes, ¿tendrías ganas de cooperar? No quieres que cada interacción con tu hijo sea una orden. Así que maximiza las interacciones cariñosas y felices, y minimiza las órdenes.

11. Invita a la cooperación siendo juguetón.

"Que los niños no escuchen / no respondan / no cumplan es como mi criptonita paterna. Puedo mantener la calma ante muchas cosas, pero ésta es la más difícil. Esta semana descubrí sin querer que mis hijos hacen mucho mejor lo que quiero que hagan cuando uso una marioneta de mano para pedirles que lo hagan. Al principio pensé: "¿QUÉ ES ESTA MAGIA?", pero al leer este artículo puedo ver que la marioneta es mucho mejor que yo en muchas de estas cosas: conectar antes de hablar, mantener la calma, hacer que cooperen... básicamente, ¡debería tomar lecciones de paternidad de mi propia marioneta de mano!"

***

Te darás cuenta de que todos estos consejos pueden reducirse a tres cosas:

- Tranquilízate.

- Conecta.

- Consigue la cooperación con empatía.

Estos son los fundamentos de la comunicación, y funcionan cuando necesitas obtener la cooperación de alguien de cualquier edad. Entonces, ¿por qué los olvidamos cuando nos relacionamos con los niños? Porque pensamos (al menos inconscientemente) que los niños deben hacer simplemente lo que decimos cuando lo decimos. Pero los niños son humanos, y a los humanos no les gusta que les den órdenes. Siempre conseguirás una mejor cooperación cuando conectes antes de dirigir!

Cómo escuchar a alguien con quien no estás de acuerdo

Puede que escuchar no sea la parte más emocionante de la conversación, pero es esencial si quieres mantener un intercambio significativo con otra persona.

Piensa en alguna ocasión en la que te hayas sentido incomprendido por alguien. ¿Te defendiste? ¿Corregiste a esa persona? ¿O simplemente te desentendiste? Independientemente de tu respuesta, es probable que no te hayas sentido a gusto con ellos.

Ahora piensa en lo que se siente al ser comprendido: puedes relajarte, quieres abrirte, te sientes más confiado. Cuando escuchas de forma que la otra persona se sienta escuchada, es más probable que comparta información contigo. Y cuando escuchas activamente, también es más probable que la asimiles.

Puedo decirte, por años de experiencia, que no es posible mantener un diálogo productivo sin escuchar activamente.

La primera habilidad de escucha activa es la atención no verbal

La atención no verbal significa prestar a alguien toda tu atención sin hablar. Estos son algunos de los aspectos básicos:

Mantén tu cuerpo abierto a la otra persona. Intenta estar relajado pero atento. Si estás sentado, inclínate un poco hacia delante en lugar de encorvarte hacia atrás.

Mantén un nivel moderado de contacto visual. Mira al interlocutor, pero no como si estuvieras en un concurso de miradas.

Utiliza gestos sencillos para comunicar a la otra persona que la estás escuchando y animándola a continuar. Asentir con la cabeza es una forma, pero no lo hagas continuamente. Di de vez en cuando "Mm-hmm" para comunicar ánimo.

La última clave de la atención no verbal es permanecer en silencio. Pero recuerda: no puedes escuchar muy bien si estás hablando. De hecho, si reordenas las letras de la palabra "escuchar", se deletrea "silencio". No puedo creer que haya necesitado 20 años de enseñanza para descubrir esto, pero es un recordatorio útil.

Ofrecer a alguien un tiempo ininterrumpido para hablar, aunque sea unos minutos, es un regalo generoso que rara vez nos hacemos. No significa que tengas que mantener la boca cerrada durante horas y horas, pero te animo a que veas cuánto tiempo puedes simplemente escuchar a alguien sin querer interrumpirle.

Algunas personas consideran que lo más difícil de escuchar es no hablar. Hay una profunda humildad en la escucha, porque tu atención se centra en comprender a la otra persona y no en decir todo lo que se te ocurre. Tu objetivo es comprender y ayudar al interlocutor a sentirse comprendido, y reserva tu discurso para lo que te acerque a cualquiera de estos objetivos.

La segunda habilidad de escucha activa es la reflexión

Reflejar significa repetir o reformular el contenido o el significado clave de la otra persona.

Un reflejo comunica que has escuchado lo que ha dicho la otra persona. En lugar de decir "te escucho", demuestras que le has escuchado compartiendo lo que ha dicho. También confirma que tienes una comprensión precisa de sus pensamientos.

Si estás un poco desorientado, les da la oportunidad de corregirte. Esto puede ser útil si no has entendido bien lo que estaban diciendo.

Por ejemplo, digamos que un amigo te dice: "¡Acabo de llegar de una reunión de la Asociación de Padres y Madres de Alumnos (PTA) y estoy muy frustrado con las escuelas concertadas! Están drenando el dinero del sistema escolar, que ya está al límite, por lo que no tenemos fondos para mantener a los alumnos y a los profesores. Además, están debilitando al sindicato de profesores. Me gustaría que los padres de las escuelas concertadas pusieran toda esa energía en apoyar las escuelas existentes en lugar de crear otras nuevas".

Si dijeras: "Crees que las escuelas concertadas están arruinando el sistema educativo", tu amigo podría aclarar: "Bueno, no exactamente arruinándolo, sino creando retos para las escuelas existentes".

Ahora puedes preguntarte: "¿No será raro repetir lo que dicen?". O puedes pensar: "Lo acaban de decir. ¿Cómo puede ser útil para mí repetirlo?"

Reflejar suele ser más incómodo para la persona que lo hace -es decir, tú- que para la que lo escucha. Lo que sé, y lo que está respaldado por una gran cantidad de investigaciones, es que a la gente le gusta que le reflejen sus pensamientos y sentimientos.

Pero no los repitas palabra por palabra. Utiliza menos palabras y resume en lugar de transcribir. Yo lo llamo "nuggetizar". Llega a la pepita de lo que están diciendo, y dilo brevemente para no interrumpir el flujo. Céntrate en algo que parezca significativo para la otra persona; extrae una idea que llegue al corazón de lo que está diciendo. Podrías prologar tu reflexión con una de estas frases "Oigo lo que dices", "Parece que", "Así que...."

El papel crucial de la reflexión es ayudar a que las personas se sientan escuchadas, y asegurarse de que las entiendes. Es más importante que estés presente que que seas brillante.

La tercera habilidad de escucha activa es hacer preguntas abiertas

Mientras escuchas, te vendrán preguntas a la cabeza y querrás respuestas. Aunque hacer preguntas es muy atractivo, tienen el potencial de interrumpir el pensamiento de la otra persona, desviar el foco de atención hacia tu agenda, interferir en la conexión y hacer descarrilar una conversación.

Para utilizar las preguntas con eficacia, ten en cuenta algunas cosas:

Atiende y reflexiona siempre antes de hacer una pregunta. Comprender a la otra persona y ayudarla a sentirse comprendida proporciona una base sólida. Si no has comunicado que has escuchado a alguien, puede que no esté dispuesto a abrirse a tu pregunta.

Puede que te parezca que hacer preguntas es la mejor forma de comunicar tu interés. Eso puede ser cierto, pero si atiendes y reflexionas primero, una pregunta dice: "Me interesa lo que acabas de decir" en lugar de "Me interesa tu respuesta a lo que quiero escuchar".

Cuando hagas una pregunta para promover el diálogo, lo más eficaz es utilizar preguntas abiertas que no puedan responderse simplemente con un "sí" o un "no". Por ejemplo, en lugar de preguntar "¿Crees que las escuelas públicas concertadas deberían recibir el mismo nivel de financiación que otras escuelas públicas?", que puede responderse con un "sí" o un "no", podrías preguntar: "¿Cómo crees que deberían financiarse las escuelas públicas concertadas?" Las preguntas abiertas promueven la elaboración y la exploración.

Al igual que al reflexionar, debes mantener tus preguntas sencillas. Resiste el impulso de intentar guiar o impresionar a la otra persona con tu pregunta excepcionalmente astuta.

Una de mis formas favoritas y más concisas de hacer preguntas es simplemente repetir una palabra clave con una entonación ascendente. Por ejemplo, si alguien dice: "Siento que el mundo es muy peligroso", puedes decir "¿Peligroso?". Al utilizar la entonación ascendente, la palabra se convierte en una pregunta. Dice: "Cuéntame más sobre lo peligroso que es el mundo".

Es importante mantenerse neutral tanto en el tono como en el contenido. Los juicios y las opiniones pueden aparecer claramente en tu tono. Decir "¿Ahí es donde vas de vacaciones?" es más polémico que "Dime cómo has decidido ir allí de vacaciones" (que es una afirmación que en realidad es una pregunta).

También es importante pensar en cuándo hacer tu pregunta. No interrumpas a la otra persona sólo para preguntar algo.

Lo último que hay que tener en cuenta sobre la asistencia, la reflexión y las preguntas abiertas es que estas herramientas pretenden ayudar a promover la comprensión desarrollando una mayor conexión. La conexión es lo más importante.

Así que si las herramientas no funcionan en una situación o si eres capaz de tener conexión sin estas herramientas, no las fuerces. Dicho esto, tampoco las subestimes. Están respaldadas por la investigación y la experiencia, y pueden ayudarte a navegar por las imprevisibles y desafiantes aguas del diálogo con los demás.

APRENDE A ESCUCHAR A LOS CLIENTES

Observa y aprende de las personas con las que trabajas, porque con frecuencia demuestran los hábitos que necesitarás tener cuando vivas la vida de un empresario, como la forma de escuchar a los clientes.

Hoy en día se habla mucho de escuchar. Escuchar es una de las habilidades más cruciales que puedes aprender. Si eres capaz de pararte realmente a escuchar a tus clientes, podrás allanar el camino hacia el éxito empresarial continuo.

Escuchar requiere prestar atención y reaccionar a las necesidades y deseos de los clientes. Si quieres tener tu propio negocio, tienes que practicar el arte de la escucha activa.

No basta con reaccionar ante los clientes. Tienes que ser capaz de anticiparte a sus necesidades. Escuchar a los clientes es situar a tu empresa para que sea la respuesta a las necesidades de los compradores, idealmente antes de que ellos lo pidan.

Escuchar también consiste en implicarse con tus clientes. Esto incluye pasar realmente tiempo con ellos, explorar las cosas que son significativas para ellos, estudiar las revistas y los libros que se escriben para ellos, y ser una autoridad en las cosas que les importan.

Tu negocio debe tener un cliente ideal. Este es el prototipo de cliente perfecto para ti. Tienes que atraer a este tipo de cliente, y cuantos más de tus clientes se ajusten al ideal, mejor. Por lo tanto, este es el tipo de cliente al que debes prestar atención.

Un cliente es alguien que te ha comprado a ti o a la empresa para la que trabajas, pero también es alguien que puede comprarte a ti. Debes tratar a los clientes, a los posibles clientes y al público en general con el mismo respeto. Igualmente, debes dedicar tu tiempo a escuchar a las personas que más quieres como clientes.

Escuchar puede (y debe) ocurrir en cualquier lugar. Dicho esto, puedes perfeccionar tu capacidad de escucha utilizando determinadas herramientas y estrategias.

Fuera de línea, deberías realizar encuestas a los clientes y simplemente salir y hablar con los clientes y la gente. Acude a ferias y conferencias a las que también asistan tus clientes ideales. Si no hay ninguna en tu zona, inicia una.

A medida que tu experiencia crezca, podrías pensar en hacer algunas charlas. Es una forma estupenda de conocer gente y de conseguir que los individuos te cuenten los problemas a los que se enfrentan.

En línea, las posibilidades son infinitas. Puedes escuchar en Twitter con la ayuda de Twitter Search. Puedes rastrear palabras y frases clave en la red utilizando las Alertas de Google.

Los foros son un gran lugar para escuchar. También puedes producir tus propios puestos de escucha con un blog o un podcast. Claro que se trata de que tú hables, pero también te obligará a explorar y aprender sobre tus clientes. Y podrás fomentar el diálogo y los comentarios de los lectores.

Asegúrate de escuchar dónde hablan los clientes. Si eres capaz de averiguar dónde se reúnen los clientes ideales, tanto online como offline, entonces tienes que estar allí también.

La escucha activa te ayudará a comprender y conectar mejor con tus clientes. Facilitará las ventas y el marketing, ya que podrás situarte justo entre el cliente y la necesidad.

Convertirte en un gran oyente también te hará querer a las personas a las que quieres llegar. A todo el mundo le gusta que le escuchen. Así que cierra esa trampa, deja a un lado esa hoja de pérdidas y ganancias por un minuto, y empieza a explorar el mundo de tus clientes.

Seis formas de escuchar para mejorar la experiencia del cliente

Se necesitan al menos dos personas para mantener una conversación, y una de las claves para que ésta tenga éxito es escuchar. Ser un buen oyente puede generar confianza y seguridad. Es una habilidad útil tanto en las relaciones personales como en las empresariales.

Escuchar no tiene por qué ser sólo entre personas. Puede ser entre una marca y sus clientes, o sus empleados. Es un tipo de conversación diferente. Los clientes y los empleados hablan, comparten sus comentarios y opiniones, y las empresas escuchan atentamente en busca de oportunidades para aprovechar lo que aprenden. Las marcas que escuchan bien responden haciendo algo con la información. Su respuesta no está en las palabras, sino en la toma de medidas sobre lo que "oyen".

1. Escuchar te proporciona información y datos: Tus clientes pueden darte la mejor fuente de información en tiempo real, y los empleados de primera línea suelen ser los primeros en escuchar a los clientes. Juntos pueden diagnosticar lo bueno, lo malo y lo feo e identificar oportunidades para crear una mejor experiencia de cliente. Los empleados de primera línea deben escuchar a los clientes. La dirección y la gerencia deben escuchar a la primera línea.

2. Escuchar te proporciona historias para compartir: La mayoría de los métodos de retroalimentación producen datos de fuente ruidosa que son negativos. Hay un viejo dicho que dice que la rueda que chirría se lleva el aceite. Las empresas suelen informar de los problemas y las quejas, pero es importante tener en cuenta todos los comentarios, los malos y los buenos. Además de gestionar las quejas, los problemas, etc., toma los comentarios e historias buenas y compártelos con los empleados y los clientes. Las opiniones positivas deben compartirse en sitios web, folletos y demás. Puede ser parte de tu mejor marketing!

3. Escuchar aumenta la retención de clientes: Está casi universalmente aceptado que es menos costoso conservar a los clientes existentes que adquirir otros nuevos. Una encuesta muestra que el 88% de los ejecutivos de empresas lo creen así, y creen que lo que impulsa la retención es escuchar, e igual de importante, actuar sobre lo que has "escuchado".

4. Escuchar aumentará el gasto de los clientes: Es bastante sencillo: Haz feliz a un cliente y comprará más. Y lo que les hace felices, además de una buena experiencia de cliente, es sentir que se les escucha. La prueba se encuentra en las redes sociales. Cuando un cliente tuitea (o publica en cualquier otro canal social), debemos escuchar... y responder. Un informe reveló que los clientes que reciben respuestas a sus tweets están dispuestos a gastar entre un 3 y un 20% más en artículos de precio medio.

5. Escuchar crea embajadores de la marca: Cuando haces felices a los clientes, éstos hablan con sus amigos, familiares y colegas. Esto se amplifica a través de las redes sociales. Y tu mejor marketing vendrá de los clientes que canten tus alabanzas.

6. Escuchar crea la retención de los empleados: Las opiniones de los clientes son oro, y también las de los empleados. Escucha las sugerencias e ideas de tus empleados para mejorar cualquier aspecto del negocio, y actúa sobre las mejores sugerencias. Te sorprenderán las increíbles sugerencias que te darán tus empleados si simplemente preguntas y escuchas.

La capacidad de escuchar a escala definirá a las mejores organizaciones de su clase. Comienza con un cambio cultural para dejar de lado la mentalidad de transmisión y pasar a escuchar. El objetivo final es que el cliente o el empleado se sienta escuchado.

Haz que escuchar forme parte de la cultura de tu empresa. Los empleados y clientes más felices son los que sienten que las empresas para las que trabajan o con las que hacen negocios se relacionan con ellos. Y eso se debe a que esas empresas escuchan.

6 Pasos para triunfar en la escucha empática en las ventas

PASO 1: GUARDAR SILENCIO

Acalla tu mente y cierra la boca para darte la oportunidad de escuchar. Deja espacio para que los demás compartan sus puntos de vista, y deja que los demás hablen primero cuando sea posible. Reunirás más información y la gente se relacionará contigo como un mejor conversador, aunque hables menos. ¿Por qué? Porque has creado un espacio para que hablen de lo que más les interesa: ¡su vida, su negocio y sus objetivos! Esto es algo que los mejores representantes de ventas hacen sistemáticamente porque saben que funciona. Por término medio, hablan durante el 46% de una llamada y escuchan durante el 54% restante.

PASO 2: PRESTA ATENCIÓN

Escuchar significa prestar atención, no simplemente oír. No sólo escuchamos con los oídos, sino con los ojos y el cuerpo. Inclínate, evita estar inquieto y utiliza las manos y la cara para estar de acuerdo con lo que se dice y para demostrar que estás prestando atención. Prestar" atención significa invertir parte de tu atención, tu tiempo y tu energía en otra persona.

PASO 3: HACER PREGUNTAS ACLARATORIAS

Las reuniones de ventas pueden parecer un interrogatorio si todo lo que haces es hacer preguntas, anotar rápidamente las respuestas y seguir adelante. En su lugar, haz preguntas de seguimiento basadas en lo que dice tu comprador, e invítale a decir más. Por ejemplo: "Te he oído mencionar hace un momento un verdadero punto de dolor para tu equipo. ¿Puedes explicarlo con más detalle?" o "Has mencionado un próximo lanzamiento. ¿Puedes decir algo más sobre por qué es realmente importante para ti?" Así aprendes más profundamente sobre tu comprador y le indicas que le estás escuchando.

PASO 4: REPITE LO QUE HAS OÍDO

Cuando utilizamos las palabras y frases exactas que usan nuestros compradores, les indicamos que les respetamos, sus opiniones y puntos de vista. Empieza a incorporar lo que dicen en tus propias respuestas. Es especialmente eficaz cuando utilizas algunas de sus propias palabras para hacer una pregunta aclaratoria.

PASO 5: REPITE LO QUE HAN DICHO (CON TUS PROPIAS PALABRAS)

Vuelve a exponer la situación tal y como la entiendes, para demostrarles que se les escucha y se les ve plenamente. Haz tres cosas: Utiliza sus palabras para describir la situación, luego nombra las emociones que la sustentan y cierra con las preocupaciones profundas que impulsan su necesidad. He aquí un ejemplo:

Debido a experiencias anteriores con proveedores, te preocupa que haya un bajo índice de adopción en tu equipo [SUS PALABRAS]. Parece que te sientes un poco escéptico o ansioso por saber cómo vamos a hacer las cosas de forma diferente [SUS EMOCIONES SUBYACENTES]. ¿Es eso cierto? Veo que te preocupas de verdad por ofrecer una experiencia de incorporación reflexiva e intencionada al equipo [LA PREOCUPACIÓN SUBYACENTE QUE LES IMPULSA].

PASO 6. ACTÚA SOBRE LO QUE APRENDES

¿De qué sirve prestar atención si no haces nada con la información? Cuando actúas sobre lo que has aprendido, la gente se siente atendida. También te ayuda a destacar, y es una forma de diferenciarte a ti y a tu empresa. Si tu comprador menciona que le encanta el chocolate negro, envíale un trozo con una nota de agradecimiento escrita a mano. Si te enteras de algo más abstracto - como tener la sensación de que tu cliente es reacio a avanzar- saca a relucir la cuestión, hazle saber que está bien discutirlo y pregúntale qué necesita en ese momento.

RONDA DE BONOS PARA LAS SUPERESTRELLAS DE LA ESCUCHA

Evita estas trampas comunes:

- Necesidad de conocer todas las respuestas: Te llevará a hablar demasiado pronto y demasiado a menudo.

- Centrarte en tu respuesta: Esto inhibe tu capacidad de prestar realmente atención a tus compradores.

- Corregir a los compradores (¡o interrumpirlos para hacerlo!): Tener razón y tener éxito no es lo mismo.

- Estar de acuerdo con todo lo que dice tu comprador: Saber cuándo compartir amablemente un punto de vista diferente, y asegurarse de aportar pruebas de tus creencias.

- Apresúrate a resolver el problema: Intenta comprender antes de ofrecerte a ayudar. ¿Por qué? Porque como dijo Roosevelt: "A la gente no le importa cuánto sabes hasta que sabe cuánto te importa".

Cómo escuchar a tus empleados

Cuando no escuchas a tus empleados, se considera el mayor error en los negocios. Hay muchas personas que pueden ofrecerte una visión, pero los empleados son los que ofrecen más. Los empleados son los que están cerca de los clientes y también de las operaciones y pueden descubrir los fallos del presente. Con aspectos tan importantes con los empleados, la comunicación ha sido una gran barrera. Los empleados tienen un canal abierto para la comunicación y también mencionan que debería haber algunos oyentes para enumerar todas las novedades que conocen. Echemos un vistazo a algunas pistas sobre cómo escuchar a los empleados.

Escuchar las preocupaciones de los empleados

Como directivo, una de las tareas importantes que debe realizar es atender los problemas y las preocupaciones del personal. A continuación se indican algunas formas de escuchar las preocupaciones de los empleados.

1. Ofrecer una atención completa a los problemas del personal:

Es obligatorio que los funcionarios superiores recuerden que escuchar el problema y la preocupación del personal nunca es un obstáculo para el trabajo ni una pérdida de tiempo. Es obligación del directivo ocuparse de los problemas de los empleados.

Mientras se escucha al personal, se requiere una concentración total, atender las llamadas o trabajar en el ordenador en el momento de la discusión con el personal revela claramente que el director no está dispuesto a escuchar el problema.

2. Mantener la confidencialidad de la información:

Hay algunos problemas con el empleado que son divertidos, extraños o incluso interesantes. Por ello, es aconsejable mantener la confidencialidad de los problemas, ya que pueden aparecer como anécdota y circular.

3. Escucha la preocupación sin interrumpir:

Deja que el empleado te explique la situación completa del problema. No interfieras hasta que el empleado termine de contar su problema completo. Cuando escuches el problema completo sin interrumpir, significa que estás realmente involucrado y escuchando.

4. La escucha evita la demanda:

Hay muchos problemas comunes en un lugar de trabajo, algunos de los cuales son la discriminación, el acoso, el despido improcedente y la violencia. Si los empleados superiores escuchan y manejan los problemas de forma correcta, todos estos problemas pueden resolverse fácilmente.

Los empresarios deben asegurarse de establecer un modo y escuchar sus preocupaciones sin rechazarlas. Los empresarios también deben demostrar que han tomado la queja y la han procesado. Cuando los empresarios escuchan a los empleados y tratan los problemas, no es necesario que los empleados presenten una demanda.

5. Cuando los empresarios no escuchan, los empleados se despiden:

Es importante que los empresarios escuchen las preocupaciones de los empleados, ya que, de lo contrario, podrían dejar el trabajo. Una encuesta de la AMA mencionaba que muchos empleados dejaban su trabajo voluntariamente porque los empresarios no escuchaban sus preocupaciones.

La encuesta menciona que el 5% de ellos dejó el trabajo por motivos personales, mientras que muchos empleados estaban en desacuerdo y amargados por el comportamiento del empleador. La encuesta también descubrió que a los empleados les gusta trabajar en un entorno en el que tienen voz. La calidad del trabajo en la organización y la reducción de las tasas de rotación pueden lograrse escuchando las quejas de los empleados.

6. Los empleados pueden sacar a relucir los problemas dentro de la organización:

Escuchando las quejas de los empleados, los empresarios pueden conocer otros asuntos que ocurren dentro de una organización. La comunicación con el empleado es la mejor herramienta a mano, siempre es mejor tener comunicación con los empleados y llegar a conocer las cosas sospechosas que ocurren en una organización para evitar los resultados demoledores.

7. Mostrar comprensión de los problemas:

Cuando el empleado se queja de algún problema, el empresario puede demostrar que ha entendido el asunto. No tiene que llegar a un acuerdo o a un juicio rápidamente, pero puede mencionar que han entendido el problema y que lo solucionarán pronto.

8. No asumas:

No siempre sabes lo que va a decir tu empleado. Mantén siempre la mente abierta y escucha. No supongas ni adivines lo que tienen que decir los demás. Cuando no tengas ni idea de lo que dice el oponente, haz preguntas y aclárate.

9. Expresarse de forma no verbal:

Cuando no quieras interrumpir, siempre puedes dar expresiones no verbales en los momentos de la conversación. Puedes decir algo aquí y allá y hacer que tu interlocutor sienta que le estás escuchando. Puedes hacer una expresión animada o tener contacto visual con el empleado.

La importancia de la escucha en el liderazgo

"Escuchar es la habilidad de liderazgo más importante"

La mayoría de las personas que desempeñan funciones de liderazgo no tienen paciencia para escuchar o simplemente carecen de capacidad de escucha. Como se ha mencionado anteriormente, escuchar es un rasgo importante que todo líder debe poseer, o de lo contrario la voz de sus empleados no será escuchada. Esto puede provocar el caos en el equipo, afectando negativamente a la productividad.

Por otra parte, si los dirigentes demuestran que las preocupaciones de sus empleados son escuchadas, esto da a los empleados la esperanza y la satisfacción de que ellos también pertenecen a la empresa y son una parte importante de la organización. Lo mejor es que hacer felices a tus empleados puede conducir directamente a un aumento de la productividad de la empresa.

Para adquirir habilidades de escucha, hay que ser activo, abierto, flexible, comprometido y atento. Esto te ayuda a establecer buenas relaciones con las personas que trabajan en la organización. Esto también puede denominarse "escucha activa".

Pasos para una escucha eficaz

Escuchar es sin duda algo difícil de aprender, pero si eres capaz de hacerlo, puede ser muy ventajoso. Algunos de los pasos que hay que seguir para escuchar con eficacia,

Siempre de cara al interlocutor

No interrumpir nunca en el medio

Espera a que el orador haga una pausa para hacer preguntas

Mientras escuchas mantén el contacto visual

No fuerces las soluciones que prefieras

Estar atento y relajado ayudaría

Haz preguntas si las tienes de verdad

Debe tener una mente abierta

Sentir su emoción al hablar

Comprender las cosas que se dicen

Presta atención a lo que no se dice directamente con palabras

Proporcionar información al orador

¿ESCUCHAS A LOS EMPLEADOS?

Como líder debes saber que escuchar a los empleados y sus preocupaciones es muy importante. Para motivar e impulsar a tus empleados es necesario que escuches a tus empleados y sus preocupaciones.

1. Haz de la escucha una prioridad

Escuchar debe considerarse una habilidad importante y debe figurar en el primer lugar de tu lista de prioridades. Escuchar y reconocer ha sido una habilidad importante y obligatoria para un líder. Cuando los empresarios y líderes tienen la mentalidad de que tienen todas las respuestas, entonces no escuchan en absoluto. Por ello, es importante tener la intención de escuchar.

2. Muéstrales que te importa

Cuando escuchas sus problemas y los resuelves, creen que te preocupas por ellos como empleador. Cuando saben que te preocupas, se esfuerzan más y aspiran a resultados superiores a los esperados.

A los empleados les gusta trabajar bajo el mando de líderes que se preocupan por ellos, no quieren ser vistos como herramientas o recursos utilizados para el éxito de la organización. Los empleados siempre quieren tener una buena relación en la que los empleadores escuchen sus preocupaciones en los momentos de dificultad profesional.

3. Involucrarse en la escucha

Además de preocuparse, también es obligatorio que los líderes se dediquen a escuchar. Escucha a tus empleados cuando compartan sus opiniones, hazles preguntas y diles que se explayen sobre sus problemas. Cuando te comprometas y seas más activo, los empleados sabrán que estás interesado, que prestas atención y que comprendes sus problemas.

4. Asegúrate de que has entendido la cuestión

Cuando un empleado presente una queja o comparta su problema, asegúrate de que has entendido el problema. Escuchar es una habilidad pasiva y, por lo tanto, los empresarios deben trabajar para obtener esa habilidad y comprender el problema por completo. Los empresarios también pueden tomar notas en ocasiones en la organización y hacer preguntas. Escuchar puede convertir a los individuos en una persona mejorada y ampliar sus habilidades.

5. Estar tranquilo

No es un buen acto reaccionar o estar en desacuerdo cuando alguien dice algo. Siempre es bueno sentarse y escuchar lo que dicen los empleados o los altos cargos. Escuchar es una habilidad pasiva y cuando escuchas, hará que los demás sepan que estás escuchando.

6. Lenguaje corporal

El lenguaje corporal y la postura son algunos aspectos y herramientas importantes de la comunicación. Es importante presentar un lenguaje corporal adecuado que demuestre que tienes interés en lo que se dice.

7. Estar centrado

Es un hecho que la gente se molesta cuando habla y los oyentes no escuchan. Por ello, no debes hacer lo mismo cuando alguien conversa. Sería bueno apagar los móviles, apagar las tabletas o el ordenador portátil e invertir algo de energía en el que está hablando al otro lado.

8. Ser consciente

Es un hecho que los grandes líderes están siempre atentos a su entorno. Además de la comunicación verbal y no verbal, también saben escuchar de forma activa. Utilizan expresiones faciales, asentimientos y lenguaje corporal para mostrar que están respondiendo. La presencia ejecutiva es un activo necesario para que los líderes y directivos escuchen con eficacia.

FORMAS DE ESCUCHAR A TUS EMPLEADOS

1. Haz de la escucha una prioridad

El líder o el individuo debe poseer primero la voluntad. Riordan menciona que escuchar debe ser lo primero en su lista de prioridades y debe ser reconocido, lo que presenta que es un gran líder. Para avanzar y escuchar, el individuo debe desarrollar una mentalidad en la que necesita escuchar, interactuar y oír sin dudar lo que se comparte.

De ahí la importancia de desarrollar la capacidad de escucha para escuchar a los empleados. El líder debe recordar que sus colegas son igualmente inteligentes y tienen algo valioso que decir. De ahí que adaptarse a la mentalidad de escuchar y convertirla en una prioridad sea una forma de escuchar a tus empleados.

2. Reuniones

Las reuniones, ya sean físicas o virtuales, pueden ser una forma de escuchar a tus empleados. Programar una reunión y hacer que el máximo dirigente se dirija al equipo y aclare las dudas de los demás puede ser una buena manera.

La reunión debe diseñarse de forma que sea una discusión general y no una presentación. Sólo se discute el estado de la organización, la misión, la cultura, los objetivos y mucho más.

Tus compañeros de equipo pueden hacer preguntas o escribirlas y el equipo directivo puede responderlas. Esta es una de las mejores formas de escuchar a los empleados, ya que no se pueden evitar.

3. Deshacerse de las distracciones

A veces, cuando tu atención no está en el lugar, entonces los mensajes que dice el oponente carecen definitivamente de importancia para el oyente. Cuando tu empleado te habla y tú estás ocupado con tu iPhone o Tab, entonces seguramente es una impresión negativa para los que trabajan para ti.

Como tu atención se interrumpe, no obtienes una imagen completa de lo que se dice. Por eso, evitar esas distracciones cuando hablas con tus empleados puede ser una de las mejores formas que se pueden seguir para escuchar a los empleados.

4. Pistas no verbales

Aparte de las palabras habladas, las acciones también desempeñan un gran papel en la comunicación. Hay una serie de formas de comunicación de las personas, de las que pocas son las no verbales. En una conversación, la cara y la reacción del cuerpo pueden parecer opuestas a lo que se dice.

No dejes que eso ocurra, como líder, cuando recibas información asegúrate de dar algunas pistas como "estás asombrado por ello, ¿puedes mencionar más?" o "sé que estás molesto con el asunto, ¿quieres compartir más?". Esta es una forma de escuchar a los empleados.

5. Control de las reacciones

Para escuchar a tus empleados, es igualmente importante controlar tus reacciones. En lugar de centrarte en el lenguaje corporal del empleado, céntrate también en el tuyo y contrólalo. Cuando las noticias son molestas, el líder puede utilizar órdenes de voz fuertes o también puede estar en desacuerdo con la noticia.

Hay muchos líderes que exageran las conversaciones. Pueden estallar o discrepar vocalmente y mucho más antes de que la noticia se haya dado por completo. Por eso es importante controlar el lenguaje corporal y mantener la calma, independientemente del tipo de noticia que se reciba. Por tanto, es obligatorio que los oyentes practiquen el estar quietos y en silencio. Se aconseja evitar las prisas o reaccionar ante los empleados. Esta es una forma de escuchar a los empleados.

5 RAZONES POR LAS QUE DEBERÍAS ESCUCHAR A TUS EMPLEADOS

Escuchar a los empleados, se podría pensar, es una obviedad. Pero, si miras más a fondo, probablemente te sorprenda lo poco que se escucha en el lugar de trabajo actual. En una encuesta reciente realizada a trabajadores profesionales de EE.UU. y Canadá, la friolera del 64% de los 675 trabajadores encuestados, coincidieron en que "los líderes que toman decisiones sin pedir su opinión" era su mayor problema. Este es uno de los mayores problemas a los que se enfrentan las empresas en el lugar de trabajo.

A continuación se exponen cinco razones por las que escuchar a tus empleados es esencial para tu empresa.

Iniciativa de los empleados

En una encuesta reciente, el 38% de los empleados consideró que cuando los líderes desechan sus ideas sin entretenerlas, tienden a carecer de iniciativa. Una base de empleados activa y comprometida, es uno de los beneficios de escuchar a tus empleados.

Los directivos, los responsables de recursos humanos y los jefes de departamento que están dispuestos a aprovechar su propia creatividad e imitación, han suscitado un mayor esfuerzo por parte de los trabajadores. La escucha activa comienza dentro de tus filas, y cuando se alimenta, se extiende a tus empleados.

Compromiso e innovación

La importancia de escuchar a los empleados puede verse en términos de innovación. Muchas empresas fomentan las opiniones de sus empleados mediante concursos, recompensas y estructuras de bonificación. Cuando se escuchan y se fomentan las ideas de los empleados, la empresa puede tener un impacto positivo en el resultado final, al tiempo que involucra al empleado.

Mantener la proactividad

En lugar de encontrar siempre ideas, sugerencias y opiniones a partir de procesos descendentes, el poder del crowdsourcing puede ser especialmente eficaz para comprender lo que es verdaderamente importante para los empleados. Con las herramientas adecuadas, dejar que los propios empleados pregunten y participen puede poner en primer plano los problemas que necesitas resolver. Los directores generales, la dirección ejecutiva y los directores de recursos humanos pueden utilizar estos datos en tiempo real para determinar las ideas, las conversaciones y los comentarios que son tendencia. Esto les permite tomar medidas inmediatas, y permite un enfoque proactivo, en lugar de reactivo.

Retención

Muchos empresarios cometen el error de seguir adelante con los planes, como los programas de beneficios y las estructuras de bonificación, sin involucrar primero a sus empleados. Escuchar las preocupaciones de los empleados puede ayudarte a desarrollar estrategias de retención que se centren en aumentar la moral de los empleados. Con un programa sólido, que fomente la escucha activa de las preocupaciones de los empleados, puedes tener un impacto positivo en tu porcentaje de retención.

El resultado final

Otra razón clave por la que escuchar a los empleados es importante es el impacto que puede tener en tus resultados. Los empleados que se sienten escuchados se sienten más conectados con el empleador y, a su vez, se sienten más comprometidos y motivados para hacer el mejor trabajo para la organización. Además de disponer de herramientas que te ayuden a garantizar que escuchas a tus empleados, celebrar foros abiertos con regularidad, como los almuerzos de los viernes de todos los empleados, las reuniones trimestrales de todos los empleados sobre los objetivos de la empresa, etc., puede inculcar una cultura de escucha y comunicación abierta dentro de la empresa.

Por qué no te sientes escuchado en tu relación

El otro día recibí una llamada de una mujer en mi despacho. Quería empezar una terapia de pareja con su marido desde hace 10 años. Al indagar sobre lo que ocurría, me enteré rápidamente de que cuando la pareja intenta hablar entre sí, se acalora y acaban peleándose. Ella quiere venir para trabajar las habilidades de comunicación que está intentando utilizar.

Recibo este tipo de llamadas con regularidad de personas que tienen problemas en sus matrimonios y relaciones, y quizá ocho de cada diez parejas que me llaman para hacer terapia buscan ayuda con la comunicación. La mayoría de los libros de autoayuda, e incluso muchos profesionales, te dirán que la clave de una relación mejor es la buena comunicación.

Una comunicación sólida y sana es esencial en cualquier relación, porque es el camino hacia la intimidad. Cuando hablamos y compartimos nuestros sentimientos, nos sentimos más cerca de los demás y a menudo conseguimos satisfacer nuestras necesidades.

Sin embargo, hablar es sólo la mitad de la ecuación cuando se trata de una buena comunicación. La otra mitad es escuchar.

Sin la capacidad de escuchar bien, la comunicación se vuelve irrelevante.

Como ser humano, tienes un profundo deseo de ser escuchado. Empezó cuando eras un bebé y necesitabas que tu cuidador escuchara tus gritos de apoyo. Lo importante de esta dinámica temprana no es lo que tu cuidador hiciera o dijera en respuesta a tu comunicación, sino que te escucharan, y punto.

No hay nada más frustrante que intentar compartir tus pensamientos o sentimientos con tu pareja sólo para experimentar una desviación o una actitud defensiva.

Ser vulnerable y expresar tus necesidades y deseos más íntimos puede ser aterrador. Si te encuentras con resistencia o no te sientes escuchado, puedes experimentar una sensación de abandono o incluso de vergüenza.

Ser escuchado transmite que tus pensamientos y sentimientos importan, y prepara el camino para un profundo sentimiento de confianza.

Cualquiera puede hablar. No todo el mundo puede escuchar.

¿Cómo sabes si te están escuchando?

Cuando intentes comunicarte con tu pareja, comprueba si surge alguno de los siguientes problemas:

- Tu compañero le da la vuelta al tema para que tú te conviertas en el problema.

- Te dicen que haces el ridículo o que exageras.

- La respuesta de tu compañero se centra en por qué siente lo mismo.

- Tu pareja sale de la habitación.

- Parece que te han escuchado, pero luego vuelve a surgir el mismo problema.

La incapacidad de ser un buen oyente puede deberse a varios problemas subyacentes, y es importante entender cuáles pueden ser antes de intentar arreglar las cosas. No supongas que es simplemente porque tu pareja no quiere escucharte.

La razón más común por la que las personas no pueden (o no escuchan) es porque cierran la capacidad como defensa para no experimentar malestar. Esto puede ocurrir, por ejemplo, cuando haces hincapié en un punto más allá de lo necesario, lo que obliga a tu interlocutor a cerrarse y dejar de escuchar, incluso cuando la intención de oírte está ahí. Deberías tener que comunicar algo sólo una o dos veces para que te escuche.

A veces la pareja puede sentirse abrumada por sus propios sentimientos, lo que le obliga a cerrarse o a dejar de escuchar. Esto ocurre cuando hay una baja tolerancia a las emociones o si la persona creció en un entorno en el que se sentía constantemente abrumada por los sentimientos de otras personas.

El tiempo también puede crear un bloqueo para una buena escucha. Intentar compartir lo que tienes que decir cuando tu pareja acaba de entrar por la puerta después del trabajo o está atendiendo a un niño que grita es improductivo para ser escuchado.

El resentimiento también puede impedir la capacidad de escucha, así que comprueba contigo mismo para asegurarte de que has perfeccionado tu propia capacidad de escucha antes de exigirla a tu pareja.

Por último, la ansiedad, el estrés e incluso los problemas de déficit de atención pueden hacer que la pareja tenga dificultades para escuchar.

Mantener un sentido de compasión y comprensión de por qué tu pareja no puede escucharte es un primer paso para mejorar esta dinámica.

En un nivel más práctico, la terapia Imago utiliza una técnica realmente útil con las parejas para mejorar la intimidad, centrándose principalmente en la escucha. Se llama "mirroring" y requiere mucha concentración y paciencia.

No es una práctica que recomiende probar fuera de la sala de terapia si vuestras conversaciones se intensifican fácilmente. Si puedes mantenerte civilizado, puedes iniciar un proceso en el que tu pareja te escuche y repita lo que has dicho. El objetivo es un reflejo exacto (de ahí el nombre de "reflejo").

El reto para la parte que escucha es resistirse a hacer un comentario o responder a la defensiva. El único trabajo del oyente es repetir lo que ha oído.

Empieza con estos pasos:

- Pregunta a tu pareja si es un buen momento para hablar. Si no es así, programad una hora que os venga bien a los dos.

- Cuando hables con tu pareja, habla de forma concisa: mantente en el tema y transmite los puntos más importantes.

- Haz una pausa entre las afirmaciones y pide a tu compañero que te repita lo que te ha oído decir. Si es correcto, házselo saber a tu compañero y continúa. Si no lo ha entendido, repítelo.

- Continúa hasta que te sientas completamente escuchado y que tus problemas o preocupaciones han sido recibidos con precisión. A continuación, cambia los papeles y deja que tu pareja responda o exprese sus pensamientos y sentimientos contigo como oyente.

Si tu pareja se pone a la defensiva, se frustra o es incapaz de hacerlo, abandona la idea y considera la posibilidad de contactar con un terapeuta.

Recuerda: la escucha es una capacidad que puede verse disminuida o reforzada en función de la historia o la experiencia de la persona. Aunque comunicarse eficazmente con tu pareja es una pieza esencial del rompecabezas de tu relación, no te rindas sin dar a tu estilo de comunicación el beneficio del apoyo y la orientación profesional.

Cómo escuchar realmente los problemas de tu pareja femenina

La novia de un cliente tuvo recientemente un problema en el trabajo. Su compañero de trabajo dijo algo delante de otros empleados que la avergonzó. No supo cómo responder en el momento y se quedó dolida y molesta.

Así que acudió a su novio, mi cliente, en busca de apoyo.

A su vez, acudió a mí porque sabía que era una situación delicada. Me dijo: "No quiero estropear esto, tío".

Sabía que momentos como éste son absolutamente críticos para una relación. Si apoyas bien a tu pareja, profundizas en la confianza y la cercanía. Si le apoyas mal, puede dudar en abrirse contigo la próxima vez.

No estaba seguro de lo que debía hacer. Porque, como muchos hombres, él mismo tiene dificultades para expresar sus propios problemas a su pareja. Desde joven le han dicho que debe reprimir las cosas y ocuparse de ellas por sí mismo.

Veo que esta situación se da a menudo en las relaciones: una mujer comparte con su pareja cómo se siente irrespetada por un amigo. O expresa su frustración porque su madre se mete en sus asuntos personales. O se siente excluida porque no ha sido invitada a un evento de un conocido.

Así que se dirige a su compañero para que la guíe y él está sentado, aterrorizado, pensando: "¿Qué debo hacer? ¿Debo ayudar? ¿Me limito a escuchar? ¿Le digo lo que yo haría?".

Así que estoy aquí para enseñarte la forma correcta de apoyar a tu pareja cuando tiene un problema.

Busca comprender, no sólo resolver

A los hombres se les suele decir: "Las mujeres no quieren que les resuelvas sus problemas. Sólo quieren que les escuches".

Esto enfurece a los chicos hasta el extremo.

He tenido innumerables hombres que me han dicho: "Si no quiere mi ayuda, ¿por qué me lo cuenta?".

Lo entiendo. Quieres apoyar a tu compañero, especialmente cuando sientes que tienes algo productivo que aportar. Te sientes ignorado o infravalorado cuando aportas una solución que se pasa por alto.

En teoría, creo que puede ser saludable que aconsejes desde un lugar de amor. Las relaciones fuertes crecen juntas. No creo que debas quedarte siempre como un participante pasivo.

Pero para mejorar las cosas para todos, tenemos que aclarar algunos malentendidos.

Cuando tu pareja acude a ti con un problema, puede que lo primero que quiera sea que alguien le ayude a procesar esas emociones de forma segura. Quiere saber que la comprenden, que sus sentimientos son válidos y que puede hablar de ellos para ganar perspectiva.

Porque cuando nos enfrentamos a luchas personales, normalmente ya sabemos la respuesta en el fondo.

Cuando te quejas de tu salud o de tu duro día de trabajo, ¿buscas automáticamente una respuesta? No, sabes que tienes que arreglar tu dieta o dirigirte directamente a tu jefe.

Sólo quieres desahogarte o compartir tus frustraciones abiertamente sin que te juzguen. Luego, cuando estés preparado, pasarás a la acción para cambiar.

Así que, para empezar, tienes que escuchar a tu pareja con atención. Esto proporciona el espacio y la comodidad necesarios para que ella haga algo al respecto o esté mucho más abierta a aceptar tu ayuda.

Y por tu parte, escuchar bien te ayudará a comprender realmente lo que está experimentando, a ver el panorama completo y a ofrecer la mejor solución posible, si es necesario.

Haz que tu objetivo principal sea escuchar bien

La clave para ser un gran oyente es estar presente en el momento.

Esto significa que tienes que hacer un cambio mental de "estoy aquí para dar respuestas" a "estoy aquí para escuchar muy bien".

Si tu mente se desboca con ideas para resolver problemas, no estás permaneciendo en el presente. No estás permitiendo que tu cuerpo y tus emociones conecten con lo que tu pareja está diciendo aquí y ahora. No estás escuchando a un nivel más profundo.

Esto también es cierto si vas a sermonearla o a decirle lo que está haciendo mal. Estás esperando a emitir un juicio, lo que significa que es menos probable que te comprometas con una mente abierta y compasiva.

Sabe que tiene un problema, así que no necesita que se lo repitan. La gente paga a los terapeutas para que alguien les escuche sin juzgarles, de modo que puedan hablar libremente y descubrir un camino mejor para el futuro. Es humana y está bien cometer errores.

Así que si tu pareja puede notar que realmente la estás escuchando, se mostrará más vulnerable. Se abrirá de nuevas maneras. Bajará la guardia y profundizará en sus sentimientos.

Cuando estés realmente con ella, sentirás todo el peso de sus emociones y sus experiencias. Serás capaz de relacionarte con lo que está pasando utilizando tus propias experiencias. Comprenderás mejor por qué se siente así.

Hacer todo esto te ayuda a proporcionarle el apoyo más informado y atento que necesita.

ELIMINA LAS DISTRACCIONES Y COMPROMÉTETE A DEDICARLE TU TIEMPO

Todos hemos sido entrenados para tener una capacidad de atención corta. Estamos constantemente estimulados por pantallas que parpadean, notificaciones que zumban y un sinfín de redes sociales.

Estar presente durante un tiempo prolongado es realmente difícil. Así que el primer paso para mantener una conversación productiva es eliminar todas las distracciones posibles.

Termina ese texto o correo electrónico. Limpia rápidamente el desorden que te rodea y que te hace preocuparte. Ponte ropa cómoda si la necesitas para relajarte.

Por último, apaga tu teléfono. Sí, completamente apagado. De hecho, ponlo a cargar en otra habitación. Los estudios demuestran que incluso tener el teléfono en la misma zona puede crear inquietud en nuestra mente.

A partir de ahí, quiero que hagas un compromiso de tiempo consciente para estar presente. Dite a ti mismo: "Durante los próximos 10 minutos, me dedico por completo a dar a mi pareja el tiempo que necesita para expresarse".

Si sólo puedes permanecer presente durante 5-15 minutos en este momento, está bien. Las personas que están aprendiendo a meditar por primera vez a menudo sólo pueden quedarse quietas durante un par de minutos. Con la práctica, te resultará más fácil aquietar tu mente y dedicarte por completo a tu compañero durante períodos más largos.

Muéstrale activamente tu presencia

Cuando alguien se desahoga, a menudo le preocupa ser una carga. No quieren parecer dramáticos o estúpidos.

Para tu pareja es un acto vulnerable compartir sus sentimientos y frustraciones contigo. Si ve que te separas, puede cerrarse y ponerse a la defensiva.

Así que es prudente transmitir preventivamente que te comprometes a estar con ella. Escuchar con los oídos es una forma de hacerlo. Escuchar con tu cuerpo y tu voz es otra.

Siéntate cerca y orienta tu cuerpo hacia ella. La cercanía física crea más intimidad y confianza. No te sientes frente a ella en otra silla o lejos en el sofá. Ponte uno al lado del otro, tal vez dejando que vuestros cuerpos se toquen ligeramente, y demuéstrale que estás a su lado.

Mantén un buen contacto visual. A veces, mientras escuchamos a nuestra pareja contar una larga historia, nuestros ojos vagan por la habitación. No es el momento de limitarse a escuchar con los oídos: tienes que demostrarle que tiene toda tu atención. El contacto visual le asegura que eres un aliado. Cuando consigues ver sus ojos a cambio, puedes sentir y conectar mejor con sus emociones.

Da señales verbales de que estás escuchando. Un simple "mhmm" o "eso suena muy mal" ayuda mucho a que se sienta escuchada. Lo mismo ocurre con "siento que hayas tenido que lidiar con eso" o "es una situación muy dura". Si se emociona, frases tranquilizadoras como "todo va a ir bien" y "estoy aquí para ti" pueden recordarle que la respaldas.

Da también algunas señales no verbales. Tómale la mano cuando se abra de verdad. Acaricia suavemente su hombro cuando comparta algo difícil. Abrázala y abrázala si empieza a llorar.

Gestos sencillos como éste demuestran a tu pareja que eres el hombre en el que puede confiar.

Hazle las preguntas adecuadas

Al igual que necesitabas cambiar tu mentalidad de "dar respuestas" a "escuchar bien", tienes que reformular tu forma de pensar sobre la formulación de preguntas durante estas conversaciones difíciles.

Una mala línea de preguntas puede parecer acusadora y agresiva. Aunque hayas hecho todo lo anterior para crear confianza y una línea de comunicación abierta, las preguntas equivocadas pueden poner a tu pareja a la defensiva.

Por ejemplo, los hombres pueden pensar que están siendo útiles al preguntar sobre acciones anteriores: "¿Por qué hiciste eso?" "¿Por qué no hiciste eso?" "¿Por qué no hiciste esto?

Esto es increíblemente poco útil y le hace sentir que le estás hablando con desprecio. Es como preguntar a una persona que se ha lesionado en un accidente de tráfico: "¿Por qué no viste venir al otro coche?".

Lo mismo ocurre si le preguntas por qué ha repetido un comportamiento pasado. Está claro que no lo hizo intencionadamente y a veces necesitamos cometer los mismos errores para aprender de ellos. Los viejos hábitos son difíciles de erradicar.

El pasado ya está superado. Tus preguntas deben ser para ayudarla a tener una idea más clara de la situación actual y de lo que puede hacer ahora.

Digamos que tu novia siempre es maltratada por una supuesta "amiga". Tu novia pasa por alto su mal comportamiento e ignora su falta de respeto. No deberías preguntarle: "¿Por qué no has mandado a la mierda a Samantha?".

En su lugar, hazle preguntas que la saquen de la ecuación y la hagan pensar de forma más objetiva.

Preguntas como: "¿Alguna vez tratarías así a un amigo?" o "¿Qué me dirías si Tom me hiciera lo mismo?" o "Si no tuvieras miedo de perder su amistad, ¿qué querrías decirle?"

Todos estos puntos son TAN útiles. Proporcionan claridad y nuevas ideas, que conducen a perspectivas más saludables.

DESCUBRIR JUNTOS LA RESPUESTA

El objetivo de estos pasos es ayudar a tu pareja a sentirse comprendida, aceptada y apoyada. Le permites elaborar sus sentimientos y ver posibles vías de actuación.

Esto es lo que necesita para hacer un cambio o superar su problema.

Cuando llegue a una decisión, se sentirá realizada por haberlo resuelto por sí misma, en lugar de recibir una respuesta de tu parte. Estamos en nuestro mejor momento cuando nos sentimos amados, pero también autosuficientes. Y tu apoyo la habrá ayudado a conseguirlo, que es lo que querías en primer lugar.

Si tu pareja sigue intentando resolver la situación y no tiene una respuesta inmediata, dale un poco de tiempo. Comprueba con ella de forma solidaria para ver cómo se encuentra más tarde.

Ahora bien, si sigues pensando que la persigue este problema, puedes compartir con ella lo que crees que debería hacer. Pero como has sentado todas las bases, debería estar infinitamente más abierta a escuchar tus consejos.

No se lo tomará como "ni siquiera me escucha, sólo quiere decirme lo que tengo que hacer". En su lugar, reconocerá: "es mi adorable compañero que me ha entregado su corazón y quiere lo mejor para mí".

9 ESTRATEGIAS PARA QUE TU HOMBRE TE ESCUCHE

Cuando mis amigos Alex y Amy decidieron renovar su cocina, Amy se metió de lleno, encantada de tener la oportunidad de crear la habitación de sus sueños. Pronto la mesa del desayuno quedó enterrada bajo páginas arrancadas de revistas, muestras de telas y pinturas, y trozos de madera, azulejos y piedra. Sin embargo, Alex parecía irritado por el proceso de toma de decisiones. Cada vez que Amy intentaba recabar su opinión, mostrándole sus favoritos de entre los montones de posibilidades, él gruñía y se encogía de hombros como si dijera: "Da igual".

Suponiendo que a Alex no le importaba si la cocina parecía la de una casa de campo francesa o la de un loft postmoderno, Amy siguió adelante, siguiendo su preferencia por un diseño elegante y sobrio. Para su sorpresa, Alex se puso furiosa cuando se instalaron los accesorios de acero inoxidable y las encimeras de piedra oscura. "¡Esto parece una clínica de hospital! Es tan frío y estéril. Lo odio", gritó. (Un sorprendente 40% de los primeros matrimonios fracasan. Averigua si tu relación está hecha para durar).

Desconcertada y dolida, Amy respondió "Intenté que miraras las muestras conmigo muchas veces, y lo único que decías era: "¡Todas parecen iguales!".

Parece que no hay mayor diferencia entre hombres y mujeres -y ninguna diferencia que cause más fricción- que la forma en que nos comunicamos entre nosotros. Una y otra vez, oigo a amigos y pacientes decir: "A veces, hablar con el hombre de mi vida es como golpearme la cabeza contra una pared de ladrillos. Simplemente no escucha, o está irritado y no responde".

No es que los hombres no escuchen o no se preocupen. Más bien, las investigaciones demuestran que procesan lo que oyen de forma diferente a las mujeres, muy posiblemente debido a las disparidades de género en su química, estructura y actividad cerebral. Si las variaciones en nuestra materia gris y blanca afectan a nuestro comportamiento de apareamiento, como sugiere la investigación, no es de extrañar que estas diferencias puedan influir también en la forma en que nos relacionamos con nuestros hijos y amigos y nos comunicamos con nuestra pareja. También es probable que nuestras diferencias cerebrales afecten a nuestros intercambios cotidianos, desde los más mundanos hasta los más complejos.

TODO ESTÁ EN NUESTRA CABEZA

Gracias a la mejora de las técnicas de imagen y de los métodos de prueba, las pruebas biológicas de las diferencias de género en nuestros cerebros están surgiendo rápidamente. Ahora los investigadores pueden comparar lo que ocurre dentro de las cabezas de hombres y mujeres cuando escuchan, piensan, recuerdan y hablan. He aquí algunos de los hallazgos:

- Las mujeres tienen más células nerviosas en la mitad izquierda del cerebro, sede de la capacidad de procesar el lenguaje, que los hombres. Y en el cerebro, la cantidad de células suele estar relacionada con la calidad. En el cerebro de un gimnasta, por ejemplo, la región del equilibrio y las habilidades motoras es mayor que en el de un no gimnasta, y cuanto más practica el gimnasta, más grande es.

- Las mujeres tienen un mayor grado de conectividad entre las dos mitades del cerebro, y la red de fibras que conectan sus cerebros derecho e izquierdo (el cuerpo calloso) es mayor. Esto puede explicar una diferencia inusual, cuyo significado los científicos aún no comprenden del todo: Los sexos procesan las palabras sueltas de forma similar, pero al interpretar una frase, los hombres utilizan una única zona específica en un lado del cerebro; las mujeres movilizan la misma zona, pero en las partes derecha e izquierda del cerebro. (Esto es lo que sabemos sobre cómo envejecen los cerebros de hombres y mujeres de forma diferente).

- Las mujeres parecen utilizar más partes de su cerebro para escuchar y hablar. Eso no hace que las mujeres sean mejores oyentes u oradores, pero la mayor accesibilidad que tienen a algunas partes de su cerebro puede facilitarles las actividades esenciales para la comunicación.

- Las mujeres tienden a experimentar el estrés con mayor intensidad que los hombres, gracias a su abundante suministro de estrógenos, que activan un campo de neuronas mayor que el de los hombres durante una experiencia perturbadora.

- Las mujeres son mejores en las tareas que requieren memorización porque su mayor nivel de estrógenos se asocia a un mejor aprendizaje y memoria. (Mantente alerta con estos ingeniosos ejercicios para tu cerebro, de Prevention Premium).

A veces los hombres pueden identificar mejor que las mujeres las emociones directas, como la rabia y la agresión, en las expresiones faciales y el tono de voz de los demás. Esto puede ser un remanente de los días en que los hombres tenían que evaluar la agresión de otros hombres para poder organizar rápidamente una defensa. Pero los hombres no obtienen una puntuación tan alta como las mujeres a la hora de captar las sutiles señales no verbales que telegrafían la tristeza o el miedo. Uno de los descubrimientos más alentadores hasta el momento es que la diferencia de género en nuestra función cerebral se reduce a medida que envejecemos. Esta mejora de la compatibilidad puede deberse a que nos pasamos la vida aprendiendo unos de otros y, al hacerlo, nos parecemos más. Hablar con el otro de una manera diferente -que respete nuestras diferencias- puede acelerar ese proceso.

A continuación encontrarás nueve estrategias eficaces que puedes utilizar cada vez que le digas a un hombre algo que realmente quieres que escuche. Y la práctica constante puede ayudar a cerrar tu brecha personal de género más pronto que tarde.

Avísale

Dado que las mujeres tienen mayores concentraciones del neurotransmisor dopamina en la parte del cerebro responsable de las habilidades lingüísticas y de memoria, es posible que la información se transmita con mayor eficacia en tu cerebro que en el de él. Los investigadores creen que la razón por la que las mujeres obtienen una mayor puntuación en las pruebas de aprendizaje verbal, sobre todo cuando son jóvenes, se debe en parte a estos mayores niveles de dopamina.

Evita los malentendidos haciéndole saber cuándo vas a decir algo que requiere su atención. Dile claramente que quieres tener una conversación seria. Antes de empezar, dile que va a ser lo que mi amiga Leslie llama una "conversación de miradas".

No intentes competir con las distracciones

Los hombres no realizan la multitarea tan bien como las mujeres. Esto puede estar relacionado con el hecho de que, en general, las mujeres activan más áreas del cerebro que los hombres cuando realizan tareas idénticas.

Así que iniciar una discusión mientras él está viendo la televisión o navegando por Internet significa que no tendrás toda su atención. Si las distracciones dificultan un determinado tipo de conversación mientras los dos estáis preparando la cena, por ejemplo, salid completamente de casa: Id a dar un paseo o a un restaurante a tomar algo.

Intenta elegir una hora que sea conveniente para cada uno y en la que ambos estéis alerta. Ni siquiera mis hijos me despiertan a las 3 de la mañana para compartir sus ansiedades o un rechazo doloroso. Serían bienvenidos, pero respetan mis necesidades y saben que es más probable que reciban toda mi atención si esperan hasta después del desayuno, cuando estoy completamente despierta.

Abre con lo positivo

Hace poco, una paciente me habló de su intento fallido de mejorar la comunicación con su marido. Empezó diciendo: "Tienes un historial de no escucharme, así que estoy probando algunas estrategias nuevas con la esperanza de llegar a ti". Le sugerí que la próxima vez no fuera tan crítica, sino que probara alguna versión de "Hay un problema recurrente en nuestra relación que creo que podemos solucionar juntos. Me gustaría hablar de la mejor manera de solucionarlo". Funcionó. Su marido estaba encantado de escuchar cuando se le pedía su opinión. Y estaba menos a la defensiva cuando no se le acusaba de ser obtuso.

Pide exactamente lo que quieres...

Los hombres están especialmente programados para querer resolver un problema cuando se les presenta. Pero no siempre se busca una solución. A veces simplemente quieres desahogar las frustraciones o el enfado, o hablar de las posibles soluciones para determinar cuál tiene más sentido. Es más probable que obtengas la respuesta que esperas si le dices a tu marido lo que quieres desde el principio. Por ejemplo, podrías decir: "Hay varias maneras de que esto vaya bien, y te agradecería que escucharas algunas de las opciones que estoy considerando". Y si buscas una solución, pregúntale directamente qué haría él.

...y di lo que quieres decir.

La investigación ha descubierto que los hombres tienen más dificultades para identificar las expresiones faciales que las mujeres, especialmente las del rostro femenino. Los hombres también son menos hábiles para identificar las señales no verbales de tristeza y miedo. Por desgracia, las mujeres tienden a utilizar muchas expresiones faciales para comunicarse, lo que puede llevar a situaciones frustrantes para ambos: Tú sientes que se ignoran tus necesidades, mientras que él se exaspera por la sutileza de tus expresiones y tu lenguaje corporal.

Las mujeres me dicen a menudo: "No quiero tener que pedirle que descargue el lavavajillas. Quiero que vea que estoy cansada y se ofrezca". Es bonito que las personas de nuestra vida se anticipen a nuestras necesidades, pero esperar que lo hagan sin tomarse la molestia de dar a conocer nuestras necesidades no es más que tender una trampa.

Así que di lo que estás pensando. Decirle directamente: "He tenido un día terrible" funciona mejor que una mirada de perrito. Y en lugar de lanzarle una mirada de reproche o herida después de que te dirija una puya, puedes decir: "Ese comentario me ha dolido mucho. ¿Lo decías en serio?" No te sorprendas si parece desconcertado. Es una prueba más de que no estaba ignorando tus sentimientos; simplemente no era consciente de ellos.

He comprobado que si le hablo a un hombre como le hablo a una amiga cuando sé que está ocupada, mi mensaje llega con más éxito. Por ejemplo, si quieres que se haga algo, exhíbelo de forma clara y sencilla. Y no lo dores: Evita ilustrar tus puntos con anécdotas o adjetivos innecesarios. Un poeta que conocí dijo una vez que imaginaba que cada palabra que escribía costaba 20 dólares. He descubierto que esto es una herramienta de edición útil en mis conversaciones con los hombres.

Cíñete al tema.

Hay pruebas de que las mujeres tienen mejor memoria para la palabra hablada. Las investigaciones que miden el flujo sanguíneo cerebral confirman que, cuando las mujeres memorizan una historia o una lista de palabras, hay un mayor flujo sanguíneo hacia una parte del cerebro que sistematiza y forma conceptos de lo que se oye. Eso facilita que el recuerdo de la historia se "empaquete", de modo que pueda almacenarse eficazmente y recuperarse posteriormente.

Por supuesto, esto hace que te resulte fácil arrastrar a la conversación todos los sentimientos de dolor que has tenido en la relación. Hace falta mucho autocontrol para no lanzar viejas acusaciones, aunque no tengan nada que ver con lo que ha provocado la discusión actual. Desterrar el recuerdo -y el impacto- de una discusión o traición anterior no es fácil, pero la comunicación será mejor si intentas limitar la discusión al incidente en cuestión.

Puede que tu marido hiciera planes para jugar al golf el Día de la Madre del año pasado, pero ese acto de insensibilidad no tiene nada que ver con el motivo por el que ha vuelto a olvidarse de reservar tiempo para pagar las facturas atrasadas del hogar. Así que el tema de ese partido de golf de hace tiempo debería considerarse fuera de los límites a efectos de tu discusión sobre las facturas. Si puedes limitar tu petición a pedirle que se planifique con antelación para poder despachar las responsabilidades domésticas que ha asumido, tu marido tendrá más posibilidades de "escucharte" sobre el tema, en lugar de desentenderse como hace cuando sacas a relucir alguna falta que no puede cambiar porque está en el pasado.

Termina la conversación antes de que se acabe.

Otra fuente de discordia tiene que ver con una diferencia de opinión sobre cuándo debe terminar una conversación. Como las mujeres interpretan mejor las expresiones faciales, vas a saber cuándo se está aburriendo o perdiendo la paciencia con una conversación, posiblemente incluso antes que él. Puede que sólo se esté calentando, pero cuando notes las señales, es mejor terminar. Ninguno de los dos está en su mejor momento cuando está cansado, y los hombres parecen tener menos resistencia para la conversación que las mujeres. Puede que sean necesarias unas cuantas charlas cortas para terminar el trabajo.

Resúmelo.

Las mujeres puntúan más en su capacidad de recordar historias y listas inmediatamente después de escucharlas. Así que ciertas tácticas para ajustar esta diferencia pueden ayudarnos a conseguir lo que necesitamos el uno del otro, sobre todo cuando no estamos de acuerdo.

Después de una discusión, por ejemplo, me resulta muy útil resumir mi punto de vista con una frase final como "Intento ser amable con tu familia y estar a tu lado cuando nos necesitan, porque sé que les quieres. Por favor, ayúdame con la mía. No sólo lo agradecerían ellos, sino que yo también me alegraría mucho de tu ayuda".

Sé positivo y no conviertas tu petición en una crítica. Cuando reduzcas muchos minutos de discusión a una conclusión sucinta, aumentarás la posibilidad de que la conversación permanezca en la memoria de todos.

Ten paciencia.

Conclusión

Cualquiera que esté interesado en mejorar sus habilidades comunicativas debería entender en qué se diferencia la escucha activa de la que practica normalmente.

Recuerda que hay dos tipos de escucha: la escucha activa y la no escucha. La escucha activa no es una habilidad de superescucha fuera del alcance de los simples mortales; es una habilidad que cualquiera puede dominar si está dispuesto a aceptar sus insuficiencias actuales y hacer el esfuerzo necesario.

La escucha activa no es sólo una habilidad que pertenece a un negocio u otro entorno profesional; es útil para cualquier persona que busque mejorar la calidad de su comunicación con otras personas. Sólo cuando empieces a escuchar activamente te darás cuenta de lo mucho que te faltaba antes.

Dos preguntas finales

¿Quién es el mejor oyente que conoces? Piensa por un momento en lo que hace para ganarse ese estatus entre todos tus amigos, familiares y colegas. Es muy probable que haga muchas de las cosas descritas anteriormente: parece estar totalmente presente cuando hablas con él; no te juzga ni aporta sus propias agendas a la conversación; y siente auténtica curiosidad por lo que ocurre en tu vida.

Y ahora la última pregunta: Si alguien preguntara a todos los miembros de tu círculo de familiares, amigos y colegas quién es el mejor oyente que conocen, ¿dirían que eres tú? Practica algunos de estos enfoques y te ganarás ese título. Dado que escuchar es una habilidad cada vez más rara, te destacarás si te esfuerzas.